이야기로
전하는
복음

이야기로
전하는
복음

- 초판 1쇄 발행 2015년 11월 16일
- 초판 2쇄 발행 2019년 9월 10일
- 개정판 1쇄 발행 2020년 1월 30일

- 지은이 문기태
- 그린이 엠제이(박미진)
- 펴낸이 조유선
- 펴낸곳 누가출판사

- 등록번호 제315-2013-000030호
- 등록일자 2013. 5. 7.
- 주소 서울특별시 공항대로 637 B-102(염창동, 현대아이파크 상가)
- 전화 02-826-8802 팩스 02-6455-8805

- 정가 12,000원
- ISBN 979-11-85677-07-1

✽파본은 교환해 드립니다.
✽이 출판물은 저작권법에 의해 보호를 받는
  저작물이므로 무단 복제할 수 없습니다.
✽독자의 의견을 기다립니다.
✽sunvision1@hanmail.net

글 문기태 | 그림 엠제이

이야기로 전하는 복음

세상에서
가장 신나는
이야기

출판사
누가

추천사

'이야기로 전하는 복음'을 여러분이 읽어보시면 '아! 이것이 기독교 복음이구나!' 하고 공감하게 될 것입니다. 추천자는 '이야기로 전하는 복음'을 재미있게 읽었고 즐겁게 추천합니다. 복음을 이야기로 전하는 '이야기로 전하는 복음'을 많은 이들이 읽고 은혜를 받으며 복음을 전하여 영원한 생명이 많은 이들에게 확산되는 데 귀하게 쓰임 받는 책이 되리라 기대합니다.

전 침례신학대학교 총장 **이정희**

가장 귀중한 복음을 가장 쉽게 전하는 방법이 있습니다. 또한 교회를 다니는 사람이나 다니지 않는 사람이나 무관심한 사람일지라도 아무 부담없이 복음을 받아들이는 방법이 있습니다. 바로 문기태 목사의 '이야기로 선하는 복음'을 읽고 그대로 전하시면 됩니다. 적극 추천합니다.

대전 중문교회 담임목사 **장경동**

평소 문기태 목사님을 만날 때면 영혼을 향한 열정을 느낄 수 있습니다. 그래서 이 책을 우리 모두가 볼 수 있지 않았을까 생각해 봅니다. 무엇보다 한 영혼에 대한 감동으로 다가가는 25가지 상황별 복음 이야기는 전도에 대한 두려움과, 복음에 대한 의심에서 용기와 신뢰로 바뀔 수 있음을 확신하게 됩니다.

창원 극동방송 지사장, 목사 **한병혁**

문 목사님은 아주 오래 전부터 잘 알고 지내온 분으로서 이번에 '이야기로 전하는 복음'이란 책을 쓰셨기에 기쁜 마음으로 추천을 합니다. 예수님께서 스토리텔링식으로 사람들에게 자연스럽게 복음을 전하신 것처럼 문 목사님의 실제적인 경험에서 우러나온 이 책이 전도에 목말라하는 한국 교회에 단비가 될 줄 믿습니다.

서울 제일교회 담임목사 김형윤

이 책은 예수님께서 스토리텔링으로 소통의 문을 여신 것처럼 현대인들이 복음을 이야기로 쉽게 이해할 수 있도록 기술하고 있다. 복음을 듣는 수신자의 눈높이에 맞춰 이야기로 소개한 것이 큰 매력이고 25가지 복음 이야기만 기억한다면 VIP를 어디에서 만나던지 쉽게 전할 수 있어서 강추한다.

침례신학대학교 선교학 교수, 전 세계선교훈련원 원장 안희열

목회 현장의 깊은 고민을 통하여 태어난 복음 전달의 교본이라 할만하다. 원색적인 복음 전달에 아쉬움을 가진 오늘의 조국 교회가 창백한 교리적 도그마에서 벗어나 단순하고 순수한 복음의 능력으로 풍성해지는 일에 있어서 이 책은 **훌륭한** 안내서가 될 것이다.

장유 남산교회 담임목사 이성범

어떻게 복음을 전할까?
두렵고 떨리는 나의 마음을 표현할 수는 없을까?
어떤 말, 어떤 표현을 해야 예수님을 영접할까?
막막한 우리의 모습 속에 열정과 기쁨을 그리고 자신감을 회복하게 하는 메시지입니다. 문기태 목사님의 생명 살리는 간절함이 녹아 있는 귀한 책입니다. 이 책을 통해서 폭발적인 교회 부흥이 있기를 소원합니다.

기쁨의 교회 담임목사 **노완우**

편안한 이야기로 시작해서 중요한 이야기를 들려주는 소중한 책!
스토리는 이 시대에 상대방을 설득하는 가장 효과적인 도구입니다. 이 책은 전도에 큰 뉴익이 될 것이라 기대됩니다. 이 책은 현장에서 검증된 이야기만을 모은 것으로 복음의 열매를 맺기 원하는 모든 분들에게 일독을 권합니다.

부산침례교회 담임목사 **김종성**

복음(gospel)이란 하나님(God)의 스토리를 말한다. 저자는 이런 신적 스토리(spell)를 다양한 삶의 현장에 잘 전달하고 있다.

대전 중앙침례교회 담임목사 **이장우**

예수님은 복음을 개념과 논리로 제시하지 않았습니다. 복음을 이야기에 담아 주셨습니다. 왜냐하면 우리는 개념과 논리 속에서 사는 것이 아니라 이야기 속에 살고 있기 때문입니다. 문 목사님의 복음 이야기는 바로 예수님의 복음 전도 방법입니다. 예나 지금이나 인간의 이야기 실존은 바뀌지 않았습니다. 이 책을 통하여 누구나 쉽게 복음을 나눌 수 있기를 기대합니다.

대전 늘사랑 교회 담임목사 정승룡

문 목사님은 자신을 통해 그리스도가 존귀히 드러나기를 소원하시는 분이십니다. 이번에 출간하신 '이야기로 전하는 복음'은 목사님의 삶을 보는 것 같았습니다. 복음은 보여지고, 들려질 때 하나님의 은혜가 임합니다. '이야기로 전하는 복음'은 이 두 가지를 사랑하는 사람들에게 아비의 심정으로 조용히 외치는 소리로 들려옵니다. '이야기로 전하는 복음'은 한국 교회와 성도를 깨우는 뜨거운 심장의 소리로 들려옵니다.

범일침례교회 담임목사 최재훈

:: 목차

추천사 _4

프롤로그 _10

01 도둑과 목자 _16
02 포도나무 이야기 _24
03 기회를 잃어버린 사람 _30
04 고통의 바다 _38
05 사랑받기 위해 태어난 사람 _44
06 조용히 들리는 노크 소리 _52
07 포도주 맛 좀 보세요 _58
08 실패의 자리에서 만난 귀인 _66
09 벼랑 끝에서 살아난 여인 _74
10 가장 복된 만남 _80
11 스트레스에서 벗어나라 _88
12 최고의 건축자 _94

13 다시 태어난 사람 _102

14 원격 조종 _110

15 다시는 목마르지 않는 생수 _116

16 진정한 자유인 _124

17 낫고자 하느냐? _132

18 놀라운 그 이름 _140

19 누가 이웃입니까? _148

20 아버지의 마음 _156

21 하나님이 찾는 사람 _162

22 예수의 이름으로 _168

23 어리석은 사람아! _176

24 의심을 극복한 제자 _184

25 땅에서 캐낸 보물 _190

에필로그 _196

:: **프롤로그**

이 땅에는 영적인 갈급함을 느끼는 사람들이 참 많다. 하나님을 알고 싶고 영적인 세계를 알고 싶지만 속 시원하게 말해주는 사람을 만나기가 쉽지 않다. 간혹 잘 알고 있다고 하는 사람을 만나게 되어도 어렵게 설명하므로 여전히 답답하다.

예수님이 산에서, 물가에서 그리고 거리에서 이야기 하셨을 때는 듣는 사람마다 진리를 깨닫게 되고 삶의 큰 변화를 경험하였다. 방황을 멈추고 혹은 죄에서 돌아서고 영원한 소망을 품게 되며 잃어버린 기쁨을 되찾았다.

그들은 대부분 글을 쓸 줄도 읽을 줄도 모르는 사람들이었는데 이야기만 들어도 말씀이 쉽게 이해되고 진리를 깨닫게 되었다.

그 이야기가 성경에 가득하다. 그런데 많은 이들이 성경을 어렵다고 한다. 어렵게 여기면 갈증이 해소되지 않는다. 복된 이야기가

이야기로 전하는 복음

나와 상관없게 된다. 누구든지 듣기만 해도 눈이 확 열리도록 쉽고 재미있는 이야기로 써 보았다. 누구든지 이 책을 만나면 갈증이 해소되고 새로운 세계를 만나게 될 것이다.

또한 갈수록 집집을 방문하는 전도나 거리에서 외치는 노방전도와 같은 전도방법으로 전도의 열매를 얻기란 하늘의 별 따기 만큼이나 어려워지고 있다. 게다가 일방적인 전도로 인해 기독교와 복음에 대한 부정적인 이미지를 확산시켜 오히려 사람들의 마음의 문을 닫게 만드는 부정적인 현상까지도 발생하고 있다.

그래서 대부분의 교회들이 먼저 인간관계를 구축하고 발전시켜서 친밀한 관계에 이른 후에 복음을 제시하는 관계 전도의 중요성을 강조하고 있는데 문제는 한 번의 복음 제시로 예수님을 영접할

확률이 무척 낮다는 것이다. 그렇다고 거절한 사람에게 다음번에 똑같은 내용으로 복음을 전할 수도 없고 오랫동안 관계를 맺어왔는데 한 번 복음을 거절했다고 포기하기는 너무 아깝다.

그래서 필자가 오래전부터 복음을 전할 때 사용하고 있는 이야기 전도법을 성도들도 활용하게 하면 좋을 것 같다는 생각을 하게 되었다.

예수님께서도 복음을 전하실 때에 틀에 박힌 메시지를 일률적으로 반복하지 않고 그때그때마다 사람과 상황에 맞추어 각기 다른 이야기를 하셨다. 우리도 예수님처럼 성경에 기록된 복음을 다양하게 재미있는 이야기로 만들어 사람들에게 들려준다면 효과가 클 것이다.

그리고 한 번 복음을 듣고 거절하거나 망설이는 사람에게도 다음번에 찾아가 다른 이야기로 복음을 들려주면 지루하거나 거부감도 없을 것이고 각기 다른 이야기로 복음을 반복하여 듣는 것이므로 복음의 이해가 점점 더 명확해 질 것이다. 그러다가 자신의 문제와 상황에 맞아 떨어지는 복음을 듣는 순간 예수님을 영접할 것이다.

'이야기로 전하는 복음'을 독자들이 읽어보고 그 중에 각 사람의 상황에 맞는 이야기를 한 편씩 골라 들려준다면 누구라도 쉽게 전도를 할 수 있고 열매를 잘 맺게 될 것이다.

목회자는 이 책을 가지고 복음을 자연스럽게 전하는 방법을 교인들에게 훈련하는 방법으로 사용하면 좋을 것 같다. 그리고 교인들은 VIP들을 만나기에 앞서 이 책을 읽고 이야기를 한 편씩 머릿속에 그려 넣고 찾아가 이야기를 들려주는 방식으로 복음을 전하면 큰 효과가 나타날 것이다. 아울러 아직 구원받지 못한 사람이나 구원의 확신이 없는 이들에게 이 책을 선물하여 읽어보고 복음을 접하게 하는 방법도 탁월한 효과가 있으리라고 확신한다.

모쪼록 이 책이 복음을 쉽고 재미있게 많은 사람들에게 전파되는 데 유용하게 쓰여지기를 기대한다.

모든 사람들이 구원받기를 기대하며
2015년 10월 문기태 목사

도둑과 목자

― 불행한 이들에게

도둑이 오는 것은 도둑질하고 죽이고 멸망시키려는 것뿐이요
내가 온 것은 양으로 생명을 얻게 하고 더 풍성히 얻게 하려는 것이라
(요한복음 10장 10절)

어떤 신혼부부가 자기들의 힘으로는 도저히 구할 수 없는 인기 쇼의 입장권 두 장을 우편으로 선물 받았습니다. 봉투에 동봉된 쪽지에는 "누가 보냈나 알아 맞혀봐요."라고 적혀 있었습니다. '누가 보냈을까?' 도무지 알 수 없었습니다. 일단 극장에 간 두 사람은 매우 즐거운 시간을 보내고 밤 늦게 집에 돌아와 보니 값나가는 보석과 고급 물건이 깡그리 사라져 버리고 없었습니다. 그리고 부엌 탁자에는 쪽지 한 장이 놓여 있었습니다.

"이제 내가 누구인지 알겠지!"

우리 인생에는 보이지 않는 도둑이 있습니다. 사람의 생명과 행복을 도둑질하려고 노리는 도둑이 숨어 있습니다. 그는 사단이라고도 하고 마귀라고도 하는 악한 영입니다.

그 도둑은 어느 날 슬그머니 우리에게 접근해 옵니다. 이 도둑은 사람들이 행복하게 살고 있는 모습을 보면 그냥 지나치지 않습니다. 하나님이 주신 좋은 선물들을 훔쳐갑니다. 사랑, 기쁨, 행복 같은 좋은 것들을 모두 훔쳐갑니다. 보이지 않는 도둑에게 약탈을 당하는 사람은 그때부터 불행해집니다.

보이지 않는 도둑은 하나님이 우리에게 주신 좋은 보물들을 훔쳐가려고 기회를 엿보고 있습니다. 우리가 허점을 보이면 슬그머니 들어와 다 훔쳐갑니다. 우리 안에 있는 보물인 기쁨, 감사, 열정, 비전, 사랑을 다 훔쳐갑니다.

사단은 보이지 않는 도둑입니다. 아주 질이 나쁜 도둑입니다. 하나님이 주신 좋은 보물들을 모조리 훔쳐갑니다. 사람들은 누구에게 무엇을 도둑 맞았는지도 모른 채 불행하게 살고 있습니다.

보이지 않는 도둑은 또한 강도입니다. 흉기를 가진 도둑이 들키면 강도로 돌변하여 폭행하며 억지로 빼앗고 자신의 범행을 숨기려고 피해자를 죽이는 것처럼 사단도 하나님이 주신 보물만 훔쳐갈 뿐 아니라 해치기까지 합니다.

보이지 않는 도둑은 사람을 허무함에 사로잡히게 하고, 온갖 스트레스와 불안에 시달리게 하며, 우울증으로 괴롭혀 결국 자살에 이르게 하기도 합니다. 우리 주위에 쉽게 목숨을 버리는 이들이 많습니다. 그 배후에는 사단이 숨어서 간교하게 충동질하여 스스로 죽음에 이르게 한 것입니다.

보이지 않는 도둑은 사람들의 목숨을 빼앗을 뿐 아니라 영원한 멸망으로 밀어 넣습니다. 하나님과 원수가 되게 하여 지옥으로 끌고 가 멸망당하게 만듭니다. 많은 사람들이 사단에게 속아 하나님을 대적하고 멸망의 길로 치닫고 있습니다.

본래 지옥은 하나님께 반역하고 타락한 천사인 마귀, 사단을 가두려는 목적으로 만든 곳입니다. 그런데 마귀, 사단은 자신만 지옥에 들어가지 않고 사람들을 미혹하여 끌고 들어가 함께 망하게 합니다. 사단의 목적은 우리를 잘되게 하려는 것이 아니라 우리의 보물을 훔치고 죽이고 멸망시키려는 것뿐입니다.

사람들은 도둑 맞았지만 자신의 힘으로 그 도둑을 잡을 수 없습니다. 심지어 무엇을 도둑 맞았는지, 누가 훔쳐 갔는지도 모르는 사람이 많습니다.

그런데 잃어버린 것들을 예수님이 찾아 주십니다. 예수님은 선한 목자입니다. 위험에 처한 양떼를 버리고 도망가는 삯꾼 목자가 아니라 양을 위하여 목숨을 걸고 싸우는 선한 목자입니다.

　목자였던 다윗이 양떼를 치면서 사자와 곰으로부터 양을 지키기 위해 목숨을 걸고 싸웠던 것처럼 예수님은 선한 목자가 되어 사단과 싸우셨습니다. 예수님은 우리의 생명을 다시 얻게 하려고 십자가에서 자신을 희생하면서 사단과 싸워 이겼습니다.
　예수님은 우리에게 영원한 생명을 주실 뿐만 아니라 풍성한 생명 곧 행복한 삶을 주십니다. 우리를 불행과 고통스러운 문제에서 건져 주십니다. 우리를 묶고 있는 불행의 사슬을 끊어 주십니다. 우리에게 평안을 선물로 주십니다. 기쁨이 넘치는 삶을 주십니다. 인생의 의미를 찾아주십니다. 가정의 행복을 찾아 주십니다.

　다윗은 들에서 양 몇 마리를 돌보는 목동이었습니다. 양들을 자기 목숨처럼 사랑하고 정성을 다해서 보살피는 좋은 목자였습니다. 어느 날 다윗은 하나님이 자신에게 목자가 되신다는 것을 깨닫고 너무 감격하여 멋진 시를 썼습니다.

주님은 나의 목자시니
내게 부족함이 없어라.
나를 푸른 풀밭에 누이시며
쉴 만한 물가로 인도하신다. (시편 23편)

    다윗은 하나님을 평생 자신의 목자로 삼고 자신을 하나님께 맡기고 의지하며 살았습니다. 하나님은 다윗의 목자가 되셔서 무명의 목동이었던 다윗을 사랑으로 인도하셨습니다. 소년으로 전쟁터에 나가 거인 골리앗과 싸워 이기게 하시고 나라의 영웅으로 높여주셨습니다. 다윗으로 하여금 온갖 어려움을 견디게 하시고 이스라엘의 왕으로 세워 주셨습니다. 다윗의 등 뒤에서 도와주셔서 모든 백성들에게 사랑받게 하셨습니다.
    예수님을 자신의 목자로 삼고 따르는 사람들에게 하나님은 영원한 생명을 주시고 행복하게 살게 해 주십니다.

도둑이 오는 것은 도둑질하고 죽이고
멸망시키려는 것뿐이요
내가 온 것은 양으로 생명을 얻게 하고
더 풍성히 얻게 하려는 것이라

요한복음 10장 10절

포도나무 이야기

— 자신의 의지로 선하게 살 수 있다는 이에게

나는 포도나무요 너희는 가지라 그가 내 안에, 내가 그 안에 거하면 사람이 열매를
많이 맺나니 나를 떠나서는 너희가 아무 것도 할 수 없음이라
(요한복음 15장 5절)

잎사귀가 무성한 포도나무가 한 그루 있습니다. 그런데 누군가 지나가다가 부딪쳐서 가지를 부러뜨리고 말았습니다. 가지에는 벌써 포도열매가 맺히기 시작했는데 말입니다. 뜨거운 태양 빛이 내리 쪼이고 잎사귀는 점점 시들어갔습니다. 바람이 불게 되니 잎사귀는 말라버리기 시작했습니다. 비가 내리니 나무 가지와 잎사귀는 썩기 시작했습니다. 물론 가지에 붙어있던 포도열매도 더 이상 자라지 못하고 말라 비틀어지고 말았습니다.

그런데 그 옆에 부러지지 않은 가지는 비바람을 맞으며 잎사귀가 더 생기가 넘치고 쑥쑥 잘 자라났습니다. 태양 빛을 받으며 열매가 더 많이 맺히고 탐스럽게 익어갔습니다.

부러진 가지에는 모든 자연환경이 나쁘게 작용하여 죽어가게 하였지만 포도나무에 잘 붙어있는 가지에는 모든 자연 환경이 좋게 작용하여 생기가 더욱 넘치도록 하였습니다.

나무에 붙어 있기만 할 뿐인데 나무는 뿌리를 통하여 수분과 양분을 공급해 주었고 포도나무 가지가 날마다 아름다운 모습을 뽐내며 쭉쭉 자라게 해주었습니다. 나아가 태양 빛을 받아 가지에 탐스런 열매를 주렁주렁 달리게 하고 맛 있게 익어가게 해 주었습니다.

예수님은 제자들에게 포도나무의 이야기를 들려 주었습니다. 하나님은 농부이며 예수님은 포도나무이고 우리들은 가지라고 하셨습니다. 포도나무에 가지가 꼭 붙어 있어야 하듯이 우리들이 예수님께 꼭 붙어 있어야 한다고 하셨습니다. 우리가 예수님께 붙어 있기만 하면 늘 푸르른 인생이 되고 건강한 모습으로 좋은 열매를 많이 맺게 되지만 예수님을 떠나면 아무것도 할 수 없을 뿐 아니라 날마다 메말라가고 결국 쓸모 없게 되어 불에 던져 사르게 될 것이라고 하셨습니다.

그런데 안타깝게도 많은 사람들이 예수님과 아무 상관없이 살아갑니다. 자신의 노력으로 성장하여 열매를 맺어 보려고 안간힘을 씁니다. 자신의 힘으로 행복한 인생을 만들어 보려고 몸부림을 칩니다. 자신의 의지로 훌륭한 인격을 갖추어 보려고 온갖 수고를 합니다. 그렇지만 그럴수록 메말라가고 실패의 연속인 인생이 됩니다.

마치 비와 바람 그리고 햇볕이 부러진 가지를 더 빨리 마르고 썩게 만드는 것처럼 말입니다. 부러진 가지가 제 혼자 아무리 애를 써도 아무 소용이 없는 것처럼 예수님을 떠난 인생도 그와 같습니다.

그렇지만 부러진 가지를 농부가 발견하여 재빨리 원줄기에 접붙이면 어떻게 될까요? 원줄기에서 진액이 나오고 부러진 가지도 포도나무에 다시 붙게 됩니다. 그러면 다시 생명이 흐르게 됩니다. 수분도, 양분도 공급되고 생명력이 충만해져서 다시 살아납니다. 잎사귀들도 푸르르게 되고 열매도 맺히게 됩니다.

하나님께서는 부러진 가지와 같은 인생도 포기하지 않으시고 예수 그리스도께 접붙이기를 원하십니다. 시들기 시작한 인생도 믿음을 갖고 농부이신 하나님의 손에 맡기면 예수 그리스도께 접붙임을 받아 다시 생명의 진액이 그에게 흘러 들어가 늘 푸르르고 좋은 열매를 잘 맺게 됩니다. 불행한 인생도 예수님의 생명이 흘러 들어가면 행복한 인생으로 바뀌어집니다.

　　예수를 믿는 것은 자신이 하나님과의 관계가 단절되었음을 인정하고 포도나무이신 예수님과 관계를 회복하기로 결단하는 것입니다.

나는 포도나무요 너희는 가지라
그가 내 안에, 내가 그 안에 거하면
사람이 열매를 많이 맺나니
나를 떠나서는 너희가 아무 것도 할 수 없음이라
...

요한복음 15장 5절

기회를 잃어버린 사람

— 망설이고 믿음을 뒤로 미루는 사람에게

이르되 모세와 선지자들에게 듣지 아니하면 비록 죽은 자 가운데서 살아나는 자가
있을지라도 권함을 받지 아니하리라 하였다 하시니라
(누가복음 16장 19-31절)

인생에는 좋은 기회가 몇 번 찾아 옵니다. 사람들은 좋은 기회를 만나지만 놓치는 경우가 많습니다. 절호의 기회를 놓치고 후회하는 사람이 많습니다.

영화 〈타이타닉〉으로 헐리우드의 역사를 새롭게 했던 제임스 카메론도 한때는 헐리우드의 변방을 떠돌던 무명의 감독 지망생이었습니다. 그가 어느 날 유명한 영화 제작자 게일 앤 허드를 어렵사리 만나게 되었습니다. 그 자리에서 그는 자신이 오랫동안 공들였던 시나리오를 보여주며 제안하였습니다.

"이 시나리오를 단돈 1달러에 팔겠소."

작가가 자신의 시나리오에 쏟아 붓는 노력과 시간, 정성은 자식을 키우는 것 이상입니다. 그런데 자기의 시나리오를 단돈 1달러를 매기다니… 게일 앤 허드는 이 배짱 두둑한 사내가 누구인지 궁금해져 유심히 바라봤습니다. 제임스 카메론은 기회를 놓치지 않고 한 마디 덧붙였습니다.

"단, 내가 그 영화를 감독하는 조건으로 말이오."

이렇게 탄생한 영화가 바로 〈터미네이터〉입니다. 무명의 감독 지망생 제임스 카메론은 인생에서 가장 중요한 순간에 기회를 붙잡으므로 몇 천억 달러를 쥐고 흔드는 세계적인 감독이 되었습니다.

예수님은 기회에 관하여 이런 이야기를 하셨습니다. 어느 부자가 죽어서 세상을 떠났습니다. 그 부자의 집 문간에 있던 거지 나사로도 죽어서 적당히 묻혔습니다. 무덤 저편에서는 어떤 일이 일어나는지 아무도 몰랐습니다. 오직 예수님만 알고 계셨습니다. 부자는 죽어서 너무 무서운 곳으로 이끌려 갔습니다. 불꽃 가운데서 24시간 내내 영원히 견딜 수 없는 고통을 겪는 곳이었습니다. 그런데 거지는 죽어서 아브라함 품에 안겼습니다. 천국에 간 것입니다. 세상에서 고생하며, 한 많은 인생을 살았지만 영원한 축복을 누리게 되었습니다.

지옥에 간 부자가 눈을 들어 보니 아브라함의 품에 안긴 거지 나사로가 눈에 들어왔습니다. 기가 막혔습니다. 불꽃 속에서 고통당하는 것 이상으로 안타깝고 자존심 상하는 고통이었습니다. 견디다 못해 이렇게 부르짖었습니다.

"아버지 아브라함이여, 나사로를 나에게 보내 주십시오. 그래서 내 혀에 물 한 방울만 떨어뜨리게 해 주십시오. 이 불꽃 가운데서 너무나 고통스럽습니다."

그런데 거절당했습니다. 물 한 방울만 달라는 아주 사소한 요청이 냉정하게 거절을 당하자 부자는 부끄럽고 자존심 상했지만 다시 간청했습니다.

"저 나사로를 세상에 있는 내 형제들에게 보내 주십시오. 그래서 저들만은 이 무서운 곳에 오지 않도록 해 주십시오."

그런데 그 요구도 거절당했습니다.

"세상에는 이미 복음을 전하는 사람들이 많이 있다. 또 복음을 기록한 성경도 있다. 성경을 읽거나, 전도자의 말에 귀를 기울이면 누구든지 믿음을 갖게 되고 이 무서운 지옥에 오지 않을 수 있다."

그래도 부자는 포기하지 않고 애걸복걸 했습니다.

"아닙니다. 죽은 자가 무덤에서 일어나 저 세상에 다녀온 이야기를 하면 내 형제들도 믿을 것입니다. 부디 그렇게 해 주십시오."
"아니야. 복음을 전하는 자들의 말을 우습게 여기는 사람은 죽었던 사람이 다시 살아나서 천국과 지옥의 체험을 말해도 절대 안 믿는다."

부자와 나사로의 이야기를 통해서 예수님이 말씀하고자 한 것은 무엇일까요? '오늘, 즉 지금은 우리에게 기회의 문이 열려 있다. 그러나 어느 날 갑자기 찾아 온 죽음에 이끌려 저 세상으로 넘어가면 더 이상 기회는 없다. 기회를 잃어버리기 전에 꽉 붙잡으라.'는 말씀입니다.
지옥은 모든 기회를 상실하는 곳입니다. 죽음의 강을 건너기 전에 어떤 기회를 붙잡아야 할까요?

회개하여 구원받을 기회를 붙잡아야 합니다. 예수님은 사람이 죽고 난 이후에 천국에 들어가는 조건으로 회개를 말씀하셨습니다.

'죽은 사람들 가운데서 누가 살아나서 그들에게로 가면 그들이 회개할 것입니다.'(30절)

부자는 살아 생전에 천국과 지옥이 있음을 믿지 않았습니다. 부자의 형제들도 역시 믿지 않았습니다. 예수님은 성경이나 전도자들을 통해 말씀을 듣고 회개하면 지옥에 가지 않고 천국에 가게 된다고 하셨습니다.

오늘도 많은 사람들이 천국과 지옥을 믿지 않습니다. 가보지도 않았는데 어떻게 믿을 수 있느냐고 말합니다. 그러나 하나님의 말씀인 성경은 천국과 지옥이 분명히 있음을 증거합니다. 지금이 구원받을 기회입니다. 그 기회는 영원히 우리를 기다려 주지 않습니다. 기회의 문이 완전히 닫히기 전에 예수님이 하신 말씀에 귀 기울여 회개하고 예수를 믿어 구원받을 기회를 붙잡아야만 합니다.

이르되 모세와 선지자들에게 듣지 아니하면
비록 죽은 자 가운데서 살아나는 자가 있을지라도
권함을 받지 아니하리라 하였다 하시니라

누가복음 16장 31절

고통의 바다

— 고난을 겪고 있는 이들에게

예수께서 깨어 바람을 꾸짖으시며 바다더러 이르시되 잠잠하라 고요하라 하시니
바람이 그치고 아주 잔잔하여지더라
(마가복음 4장 35-41절)

'인생은 고해' 즉 고통스러운 바다라는 말이 있습니다. 누구나 순풍에 돛을 달고 고요한 바다를 항해하는 것 같이 순조로운 인생을 기대하지만 예기치 않게 태풍이 불고 집채만한 파도가 삼킬 듯이 덤벼드는 것처럼 무섭고 감당하기 어려운 일들이 한꺼번에 밀려오는 위험한 상황과 맞닥뜨릴 때가 있습니다. 이런 상황을 만나게 되면 사람들은 대부분 하얗게 질려서 울거나 소리만 지를 뿐 무엇을 어떻게 해야 할지 몰라 쩔쩔 맵니다. 간혹 침착하게 위기와 맞서 싸우는 사람도 있지만 그렇다고 해서 뾰족한 수가 생기는 것이 아닙니다.

예수님의 제자들이 어느 날 밤 작은 배를 타고 건너편으로 가고 있었습니다. 밤이 깊었는데 갑자기 큰 태풍이 불기 시작했습니다.

집채만한 파도가 배에 부딪쳐왔습니다. 배에는 물이 들어와 금방이라도 침몰될 것 같습니다.

제자들은 어려서부터 바다에서 잔뼈가 굵어 힘도 세고 배를 다루는 기술도 뛰어나지만 심한 바람과 파도 앞에서는 무기력하기만 했습니다. 공포심에 하얗게 질려 소리를 지르는 사람, 주저앉아 울고 있는 사람, 당황하여 허둥대는 사람, 배를 구해보려고 안간힘을 쓰는 사람이 있었습니다. 시간이 갈수록 배는 점점 침몰하고 있었습니다. 모두 물속에 빠져 죽게 되었습니다.

그런데 다행스럽게 그 배에는 예수님께서 함께 타고 계셨습니다. 그때 제자들 중에서 "선생님! 일어나세요. 우리가 죽게 되었습니다. 일어나셔서 우리를 이 풍랑으로부터 구해주세요." 하며 주무시는 예수님을 깨워 도움을 요청하는 제자가 있었습니다. 그러자 깊이 잠드신 예수님께서 일어나셔서 바람을 꾸짖으시며 바다를 향해 명령하셨습니다.

"잔잔해져라! 고요하여라!"

예수님의 명령에 순식간에 바람이 그치고 바다가 잔잔해졌습니다. 마치 낯선 사람을 향해 물어뜯을 것처럼 무섭게 짖어대던 개가 주인이 나타나 "워리! 가만히 있어!"하자 꼬리를 흔들며 엎드려 조용해지는 것처럼 말입니다. 제자들은 경외심으로 예수님을 바라보며 중얼거렸습니다. "이분이 누구이기에 바람과 바다도 이분의 말씀 한 마디에 순종하는가?"

만약 인생길에서 여러분의 힘으로 극복할 수 없는 큰 위기를 만나면 어떻게 하겠습니까? 아무리 몸부림쳐도 도무지 감당할 수 없는 위급한 상황에 처하면 어떻게 하겠습니까? 다급한 상황을 아뢰고 급히 도움을 청할 대상이 있습니까? 그리고 그 대상은 절대적인 능력으로 우리를 반드시 도와줄 수 있을까요?

제자들처럼 우리도 우리 인생에 예수님을 모시고 사는 것이 가장 지혜로운 길입니다. 예수를 믿는 것은 예수님과 한 배를 타고 인생을 함께 항해하는 것입니다. 우리 인생은 언제 어디서 무슨 일을 만날지 모릅니다. 위험한 일, 고통스러운 일, 감당하기 어려운 일들이 종종 일어납니다.

예수님을 인생의 배에 모시고 소원의 항구로 항해하면서 수시로 예수님의 도움을 받으며 큰 능력을 힘 입으며 사는 것이 최선의 지

이야기로 전하는 복음

혜입니다. 지금 곧 예수님을 여러분의 마음에 모시고 그분과 함께 인생의 항해를 시작하기 바랍니다.

예수께서 깨어 바람을 꾸짖으시며 바다더러 이르시되
잠잠하라 고요하라 하시니
바람이 그치고 아주 잔잔하여지더라
. . .
마가복음 4장 39절

사랑받기 위해
태어난 사람

― 사랑에 목말라 하는 이들에게

하나님이 세상을 이처럼 사랑하사 독생자를 주셨으니 이는 그를 믿는 자마다
멸망하지 않고 영생을 얻게 하려 하심이라
(요한복음 3장 16절)

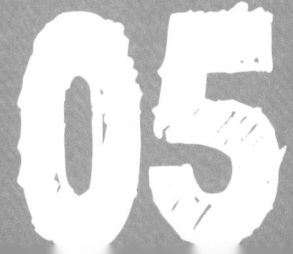

옛날 덴마크에 한 가난한 아가씨를 사랑한 임금님이 있었습니다. 임금님은 자기의 사랑을 그녀에게 어떻게 표현할까 고민했습니다. 두려움이나 위압으로 억지로 아내로 삼을 수도 있었지만 그녀도 자신을 사랑하기를 원했습니다.

임금님은 자기가 왕으로 나타나면 사랑하는 사람이 자유를 잃게 된다는 것을 알고서 자신이 평민으로 내려가기를 결심했습니다. 임금님은 왕좌에서 내려와 왕복을 벗고 초라한 외투를 둘렀습니다. 단순한 변장이 아니고 신분을 아주 바꾼 것입니다. 임금님은 가난한 여인과 진실한 사랑을 위해 왕의 신분을 포기하고 평민의 자리로 내려갔습니다.

이와 비슷한 사건이 영국의 왕실에서도 일어났습니다. 사랑을 위하여 대영제국의 왕의 자리를 포기한 이야기를 들으며 많은 여인들이 '나도 그런 사랑을 한번 받아 보았으면 원이 없겠다'고 하며 심프슨 부인을 부러워합니다. 사랑을 위하여 큰 희생을 할수록, 비싼 값을 지불할수록 사람들은 감동을 받습니다.

사실은 우리도 지금 그런 사랑을 받고 있습니다. 그보다 더 큰 사랑을 받고 있습니다. 덴마크나 대영제국과 비교할 수 없는 크고 절대적인 나라의 왕인 하나님께서 우리들을 사랑하십니다. 사랑하기 때문에 아주 비싼 대가를 지불하셨습니다.

성경 요한복음 3장 16절은 이렇게 증거합니다. "하나님께서 세상을 이처럼 사랑하셔서 외아들을 주셨으니, 이는 그를 믿는 사람마다 멸망하지 않고 영생을 얻게 하려는 것입니다."

하나님께서는 우리를 향하여 사랑한다고 하시며 그 사랑을 증명하셨습니다. 하나님께서 최고로 사랑하는 외아들 예수 그리스도를 내어 주셨습니다. 아주 비싼 대가를 지불하신 것입니다.

하나님의 아들 예수 그리스도는 우리를 사랑하셔서 하늘의 영광스런 보좌를 포기하고 죄악이 난무하는 이 땅에 연약하고 가난한 사람의 몸을 입고 오셨습니다. 사람들과 똑같이 고통을 겪으시고 슬픔을 겪으셨습니다. 사랑하는 이들에게 생명을 주시려고 대신 십자가에서 죽기까지 하셨습니다.

하나님은 사랑을 이렇게 명확하게 증명하시고 우리에게 하나님의 사랑을 믿으라고 하십니다. 하나님의 사랑을 믿는 사람에게 영생을 선물로 주십니다. 그런데도 사람들은 하나님의 사랑을 믿지 못하고 있습니다.

자식이 부모의 헌신적인 사랑을 믿지 못하면 자식도 불행하고 부모도 불행하게 됩니다. 부부간에 서로의 사랑을 믿지 못하면 부부 관계에 심각한 위기가 찾아옵니다.

하나님은 사랑 때문에 아들까지도 내어주셨건만 사람들은 하나님이 언제 나를 사랑했냐고 비아냥 거립니다. 분명히 사랑하는데 그것도 아주 엄청난 희생을 통하여 사랑을 입증했건만 고집스럽게 의심하고 믿지 못한다면 참 안타까운 일입니다.

하나님의 사랑을 믿으면 멸망당하지 않고 영생을 선물로 받습니다. 사람들이 제일 두려워하는 것이 무엇입니까? 멸망당하는 것입니다. 안 되는 사람은 안 되는 대로 망할까 봐 두려워하고 잘 되는 사람은 '이렇게 잘 되다가 망하면 어쩌지?' 하고 두려워합니다.

병든 사람은 '내가 이 병으로 이렇게 죽는 구나!'하고 두려워합니다. 건강한 사람도 '갑자기 중병이 들면 어쩌지?' 하고 불안해합니다.

모든 사람이 죽음 저 너머에서 무서운 심판을 받고 멸망 당할 것을 두려워합니다. 왜 이렇게 우리 인생은 멸망 당할 것을 불안해하며 사는 것일까요? 사람들에게 멸망의 그림자가 늘 따라다니고 있기 때문입니다. 그것은 죄입니다. 죄가 우리 영혼을 병들게 하고 멸망시킵니다.

하나님은 우리를 사랑하셔서 우리의 죄를 대신 담당하도록 외 아들인 예수를 세상에 보내셨습니다. 그 사랑으로 말미암아 우리는 이제 하나님과 원수가 아니라 하나님과 화목하게 되어 하나님의 자녀가 되는 길이 열렸습니다.

예수를 믿으면 멸망당하지 않습니다. 예수를 믿으면 지옥에 가지 않습니다. 예수를 믿으면 하나님의 자녀가 되어 천국에 가고, 예수를 믿으면 하나님께 큰 사랑을 받고 하늘의 복을 받아 행복하게 됩니다.

사람은 사랑을 받으며 살 때 행복해집니다. 그래서 사람들은 참 사랑을 만나려고 애쓰고 있습니다. 세상에는 아름다운 사랑이 많습니다. 그러나 사람들의 사랑은 시간이 흐르면 식어지기도 하고 변질도 됩니다. 사랑을 배반하기도 하고 사랑한 사람에게 큰 상처를 주기도 합니다.

그러나 하나님의 사랑은 식지도 않고 변하지도 않습니다. 하나님의 사랑을 깨달으면 행복해집니다. 인생이 새로워집니다. 죄의 문제가 해결됩니다. 죽음의 문제, 영원의 문제가 풀립니다. 구원이 임합니다. 영생이 선물로 주어집니다. 하나님의 사랑을 깨닫고 새로운 삶을 시작하십시오.

하나님이 세상을 이처럼 사랑하사
독생자를 주셨으니
이는 그를 믿는 자마다 멸망하지 않고
영생을 얻게 하려 하심이라
. . .

요한복음 3장 16절

조용히 들리는
노크 소리

― 인간 관계에 아픔이 있는
　사람에게

볼지어다 내가 문 밖에 서서 두드리노니 누구든지
내 음성을 듣고 문을 열면 내가 그에게로 들어가
그와 더불어 먹고 그는 나와 더불어 먹으리라
(요한계시록 3장 20절)

아버지에게 큰 상처를 받고 평생을 괴로워하는 사람이 있습니다. 형제들과 갈등을 겪으며 상처를 받고 고통스러워 하는 사람도 있습니다. 또 어떤 이는 선생님에게 또 어떤 이는 연인에게 상처를 받아 큰 충격 속에 방황하기도 합니다. 친구에게 배신을 당해 아픈 상처를 안고 사는 이도 있습니다. 직장에서 상사 또는 동료와의 심각한 갈등을 겪으며 스트레스를 감당하기 힘들어 직장을 그만두려고 하는 사람도 있습니다.

우리는 인간관계에서 갈등을 겪으면 몹시 힘들어 합니다. 그런데 하나님과의 관계가 깨어져 공허하고 외롭고 두려운 것이 더 심각하고 큰 문제입니다. 하나님과의 바른 관계를 회복할 때 인생은 놀랍게 변화되며 참 평안을 누리게 됩니다. 하나님과 바른 관계가 될 때 큰 기쁨을 맛 보며 행복하게 됩니다. 그러면 사람들과의 관계도 좋아지고 우리를 아프게 하는 모든 상처가 깨끗이 치유됩니다.

   홀만 헌츠라는 유명한 화가가 "문을 두드리는 예수님"이라는 유명한 그림을 그렸습니다. 낡고 오래되어 음산한 분위기의 집이 보입니다. 아무도 찾지 않아 오랫동안 문이 열리지 않은 듯한 집입니다. 예수님은 손에 등불을 들고 문밖에 서서 문을 계속 두드리십니다. 안에서는 아무런 응답이 없습니다. 그럼에도 예수님은 포기하지 않고 사랑이 가득한 표정으로 더욱 간절하게 문을 두드리십니다.
   예수님은 문을 열고 들어가고 싶지만 문밖에는 손잡이가 없습니다. 그래서 예수님은 계속 문을 두드립니다. '혹시나 이제라도 문을 열지나 않을까?' 하고 기대하며 두드립니다. 예수님은 인격적인 분이기에 강제로 문을 부수고 들어가시지 않고 안에서 열어주기를 기다립니다.

   홀만 헌츠는 성경 요한계시록 3장 20절 말씀을 그림으로 표현했습니다. 헌츠가 그린 문은 바로 우리의 마음 문입니다. 예수님께서는 우리의 마음 문을 계속 두드리고 계십니다. 우리 인간과 달리 예수님은 포기하지 않습니다. 비가 오나 눈이 오나 폭풍이 불어도 항상 찾아 오십니다. 왜 찾아 오실까요? 우리와 사랑의 관계를 회복하고 좋은 친구가 되어 주시려고 찾아 오십니다.

　우리가 슬프고 좌절하고 고독할 때, 예수님은 마음 문을 두드리면서 우리 마음에 들어오시어 위로하고 격려하기를 원하십니다. 문을 안에서 열어야 예수님이 들어 오십니다. 용기를 내어 문을 활짝 열고 예수님을 맞이하는 순간 예수님이 들어 오셔서 어둡고 슬픈 우리 마음속에 빛을 환하게 비추시고 고통과 슬픔을 위로하기 시작합니다. 두려움을 용기로, 절망을 희망으로 바꾸어 주십니다. 온갖 실패를 극복할 수 있는 능력을 불어 넣어 주십니다. 예수님을 마음에 모시고 살면 하나님과의 사랑의 관계가 회복됩니다.

　문을 두드리시는 예수님께 마음의 문을 활짝 열고 반갑게 맞이하였습니까? 계속 망설이는 가운데 아직도 예수님을 문밖에 세워두고 있지는 않습니까?

　오늘도 예수님은 전도자의 음성을 통해서 문을 두드리기도 하시고, 성경 말씀을 통해 문을 두드리기도 하십니다. 문을 열고 맞아들이는 사람에게 곧 들어가 깨진 관계를 회복하여 한 가족으로 삼고 영원한 행복을 선물로 안겨 주십니다. 문을 두드리는 예수님을 마음 문을 열고 어서 맞아 들이십시오.

볼지어다 내가 문 밖에 서서 두드리노니
누구든지 내 음성을 듣고 문을 열면 내가 그에게로 들어가
그와 더불어 먹고 그는 나와 더불어 먹으리라
...

요한계시록 3장 20절

포도주 맛 좀 보세요

― 실패와 실수로 인해 불행한 이들에게

연회장은 물로 된 포도주를 맛보고도 어디서 났는지 알지 못하되
물 떠온 하인들은 알더라 연회장이 신랑을 불러 말하되 사람마다
먼저 좋은 포도주를 내고 취한 후에 낮은 것을 내거늘 그대는
지금까지 좋은 포도주를 두었도다 하니라
(요한복음 2장 1-10절)

어느 마을의 한 집에서 결혼식이 시작되었습니다. 결혼 잔치가 한창인데 큰 일이 발생하였습니다. 잔치가 한창 무르익는 데 포도주가 떨어진 것입니다. 기쁨이 가득한 잔치자리에서 포도주가 없으면 흥이 깨지고 잔치는 그대로 파할 수밖에 없습니다. 사람들에게 잔치 준비를 소홀히 하였다고 흥을 잡히고 큰 망신을 피할 수 없게 되었습니다.

혼주는 포도주가 떨어졌다는 말을 듣고 몹시 당황합니다. 해결할 방법이 없습니다. 지금 당장 포도를 구해서 포도주를 담가도 발효시키려면 시간이 많이 필요합니다. 어디 가서 포도주를 사올 수도 없고, 빌려올 데도 없습니다. 당장 포도주를 구하지 못하면 잔치는 이상하게 끝나고 사람들은 두고두고 비웃을 것입니다. 큰 망신을 당할 아주 곤란한 상황입니다.

그런데 혼인 집 포도주의 부족함이 단번에 해결되었습니다. 순식간에 큰 항아리 여섯에 포도주가 가득 채워졌습니다. 부족함이 해결되었을 뿐 아니라 극상품 포도주라고 맛을 보는 사람마다 칭찬이 자자합니다. 큰 위기를 넘기고 큰 기쁨을 경험하게 되는 기적이 일어났습니다.

어떻게 된 것일까요? 그 잔치에 초대 받은 사람 중에 예수님이 있었습니다. 예수님의 어머니 마리아가 잔칫집에 포도주가 떨어져 아주 곤란하게 되었다고 예수님께 살짝 말해 주었습니다. 그러자 예수님께서 말씀하셨습니다.

"항아리마다 물을 길어 가득 채우시오."

일꾼들이 큰 항아리 여섯 개에 물을 길어서 가득가득 채웠습니다.

"자, 이제는 떠서, 잔치를 맡은 이에게 가져다 주시오."

그대로 하였더니 물이 어느새 포도주로 변하였습니다. 포도주 맛을 본 사람마다 "누구나 처음에는 좋은 포도주를 내 놓고 취하면 덜 좋은 포도주를 내놓는데 이 집은 점점 더 좋은 포도주가 나오다니 놀랍군요." 하며 칭찬했습니다.

세상은 이 혼인 잔칫집과 같습니다. 처음에는 기쁘고 흥이 넘치는 것 같아도, 금방 그 기쁨은 끝나고 당황스럽고 절망스러운 일이 기다리고 있습니다. 잔칫집에 꼭 필요한 포도주가 일찍 떨어진 것처럼 부족한 것 투성입니다. 자칫 망신을 당할 위기에 처할 때가 많습니다. 이런 위기를 모면하려면 기적이 일어나야 합니다. 우리가 만난 이런 위기와 절망이 기쁨으로 바뀌는 기적이 일어나려면 어떻게 해야 합니까?

이 잔칫집에 부족함이 풍족함으로 바뀌고, 덜 좋은 포도주가 극상품 포도주로 바뀌어 위기가 오히려 축복이 된 것은 그 집에 예수님을 초대하여 그 자리에 예수님이 있었기 때문에 가능했습니다. 곤란한 문제를 예수님께 아뢰고 예수님의 말씀대로 순종하였기 때문에 기적이 일어났습니다.

우리 가정에, 우리의 삶에 예수님을 초대해야 합니다. 어려움을 만나면 예수님께 아뢰어 도우심을 청하고 그분이 시키는 대로 순종하면 기적을 체험하게 됩니다. 부족함이 풍족함으로, 질 낮은 인생이 극상품 인생으로 변화됩니다.

영국의 에드워드 모트는 37세까지 캐비닛 제조공이었습니다. 모트는 열등의식과 불평과 원망으로 가득 차 있었습니다. 삶의 의미가 전혀 없었고 아무 소망도 없었습니다. 어느 겨울 모트는 런던 거리를 배회하다가 한 예배당에 들어갔습니다. 존 하야트 목사가 요한복음 3장으로 '거듭나는 도리'에 대한 설교를 하였는데 그 말씀을 듣는 순간 '그래, 나도 거듭나야 한다'는 강렬한 감동을 받았습니다. 그래서 마음의 문을 열고 예수님을 영접하였습니다.

그 후로 모트는 만나는 사람마다 붙잡고 말했습니다.

"내 망치소리는 이제 노래하기 시작했어요. 내 망치는 이제 춤을 춥니다. 내 눈동자에는 생기가 돌고 마음속에는 생수가 솟아납니다. 예수께서 내 마음에 오셨습니다. 나는 거듭났어요."

모트는 전에 하던 일을 계속하지만 행복한 목공으로 새롭게 변화되었습니다. 삶도 점점 풍요로워졌습니다. 자기가 일하던 목공소가 그의 소유가 되었고 점점 커졌습니다. 에드워드 모트는 성공적인 사업가가 되었고 예수님과의 첫사랑을 기억하면서 감사의 찬송 시를 지어 불렀습니다.

이 몸의 소망 무언가
우리 주 예수뿐일세
우리 주 예수 밖에는
믿을 이 아주 없도다
주 나의 반석 이시니
그 위에 내가 서리라
그 위에 내가 서리라

누구든지 예수님을 모시면 속 사람이 새로워지고 좋게 변화됩니다. 무가치한 인생이 좋은 인생으로 바뀝니다. 보배롭고 고귀한 인생으로 바뀝니다. 불행한 사람이 아주 행복하게 됩니다. 가족과 이웃을 사랑하는 아름다운 사람으로 변화됩니다.

연회장은 물로 된 포도주를 맛보고도 어디서 났는지
알지 못하되 물 떠온 하인들은 알더라 연회장이
신랑을 불러 말하되 사람마다 먼저 좋은 포도주를
내고 취한 후에 낮은 것을 내거늘 그대는 지금까지
좋은 포도주를 두었도다 하니라

요한복음 2장 9,10절

실패의 자리에서
만난 귀인

— 실패를 경험하고 낙심하고 있는 이에게

예수께서 시몬에게 이르시되 무서워하지 말라 이제 후로는 네가 사람을 취하리라 하시니
(누가복음 5장 1-11절)

인생을 살아가며 실수나 실패가 없는 사람은 없습니다. 그 실수나 실패의 때에 누구를 만나느냐가 중요합니다. 실패와 낙심의 때에, 누구를 만나느냐에 따라 그대로 주저앉을 수도 있고 인생 역전을 시킬 수도 있습니다.

우리가 실패를 만나고 역경에 처하면 위기 속에서 붙잡을 줄이 하나도 없습니다. 모든 사람들이 나를 외면하고 피합니다 실패를 극복하고 싶은데 할 수 있는 일들이 별로 없습니다. '이런 때 연약한 나를 사랑하고 도와주는 이가 있으면 참 좋을 텐데…' 아무리 돌아보아도 좋은 사람이 나타나지 않습니다.

어느 날 시몬과 동생 안드레는 갈릴리 호수로 고기 잡이를 나갔습니다. 밤새도록 그물을 던져 보았지만 물고기가 한 마리도 잡히지 않았습니다. 그물을 던져 끌어올리면 매 번 허탕이었습니다. 빈손으로 돌아가야 했습니다.

밤새 헛수고만 하고 호수가로 나와 그물을 씻고 있을 때에 예수라는 분이 시몬의 배로 올라왔습니다. '육지에서 배를 조금 띄워 달라.'고 하더니 몰려온 수 많은 군중들에게 말씀하시기 시작했습니다.

뱃전에 앉아 예수님의 말씀을 듣던 시몬의 마음이 갑자기 뜨거워졌습니다. '이분은 다른 랍비와 무언가 다르군! 가르치는 것이 힘차고 능력이 느껴지는데…'

말씀을 다 마치신 예수님이 시몬에게 다가와 부드럽게 말씀합니다.

"깊은 데로 나가 그물을 내려 고기를 잡으시게"

'밤새 그물을 던졌지만 허탕만 쳤는데… 오늘은 고기가 없을 텐데' 하고 생각하며 시몬은 대답했습니다.

"선생님! 우리가 밤새 그물을 던져 보았지만 물고기를 한 마리도 잡지 못했습니다. 그러나 선생님께서 말씀하시니 순종하겠습니다."
하고는 깊은 데로 가서 그물을 던졌습니다. 그물을 끌어 당기니 묵직함이 느껴지는데 도저히 그물을 올릴 수 없었습니다. 다른 배의 어부들에게 "여보게들, 어서 와서 우리 좀 도와주게나." 요청했습니다. 힘겹게 그물을 끌어올려 보니 두 배가 가득 채운 고기의 무게로 가라앉을 지경이었습니다.

시몬은 크게 놀랐습니다. '고기잡이로 잔뼈가 굵어진 나보다 이 호수를 더 잘 아는 이 분은 누구인가? 물속 깊은 데까지 꿰뚫어보는 이 분이 하나님이 보내신 메시아로구나!' 시몬이 예수께서 곧 하나님이 보내신 그리스도임을 깨닫는 순간 자신의 죄가 생각났습니다.

"주님! 나를 떠나 주세요. 나는 죄 많은 사람입니다."

그런 시몬에게 예수님은 부드럽게 말씀하십니다.

"두려워 마라. 이제부터 너는 물고기가 아닌 사람을 취하는 사람이 될 것이다."

그렇게 예수님의 제자가 된 시몬 베드로는 수많은 병든 사람을 치료해주고 귀신 들린 사람에게 붙어 있는 귀신을 쫓아내고 죄인들에게 말씀을 전하여 하나님의 사랑을 깨닫고 죄에서 돌아서게 도와주었습니다. 베드로는 교회의 지도자가 되어 오늘날까지 많은 이들에게 존경을 받는 훌륭한 인물이 되었습니다.

시몬 베드로가 예수님의 말씀에 따라, 깊은 데 그물을 내릴 수 있었던 것은 실패를 겪었기 때문입니다. 시몬 베드로가 실패를 경험한 후였기에 자신을 신뢰하기 보다는 예수님의 말씀에 순종해 보자는 마음이 들었던 것입니다. 실패를 경험하고도 이렇게 예수님을 만나면 인생이 놀랍게 변합니다.

유명한 작곡가 리스트가 어느 날 독일의 조그마한 마을을 방문하게 되었습니다. 때마침 그 마을에서 무명의 피아니스트가 피아노 독주회를 열게 되어 사방에 광고를 써 붙였습니다.

"리스트의 제자 아무개가 피아노 독주회를 가집니다."

공교롭게도 독주회가 열리기 바로 전날 리스트가 이 마을을 방문했습니다. 피아니스트는 고민 끝에 리스트를 찾아가 머리를 조아렸

습니다.

"리스트 선생님! 제가 독주회를 하면 청중이 없을 것 같아서 선생님의 고귀한 이름을 도용해 선생님의 제자라고 광고를 했습니다. 용서해 주세요."

리스트가 웃으면서 "잘못을 깨달았으니 됐습니다. 연주할 곡을 쳐 보세요." 연주를 듣고 지시했습니다. "여기는 이렇게, 또 여기는 이렇게 쳐 보세요."

"분명히 내가 당신을 가르쳤습니다. 이제 당신은 내 제자입니다. 떳떳하게 리스트의 제자라고 말하세요. 연주회에 나도 참석하겠어요. 마지막 곡은 제 스승 되시는 리스트 선생님께서 연주하시겠습니다라고 하세요."

예수 믿는 것은 그와 같습니다. 실수와 실패의 연속인 우리의 인생에 예수께서 찾아 오셔서 함께 하십니다. 예수께서 기적을 행하셔서 실패를 성공으로 바꿔 주십니다. 예수께 우리의 죄와 실수를 아뢰면 예수님은 비난하지 않고 진정한 도움을 주십니다. 예수께서 우리의 참 스승이 되어 주십니다. 친히 우리 인생을 아름답게 다듬어주시고 성공의 지름길로 이끌어 주십니다. 그때부터 우리 인생은 기적의 연속입니다. 예수를 믿고 기적의 주인공이 되지 않으시겠습니까?

> 예수께서 시몬에게 이르시되 무서워하지 말라
> 이제 후로는 네가 사람을 취하리라 하시니
>
> ● ● ●
>
> 누가복음 5장 10절

벼랑 끝에서 살아난 여인

— 죄를 짓고 죄책감에 두려워하는 이에게

예수께서 이르시되 나도 너를 정죄하지 아니하노니 가서 다시는 죄를 범하지 말라 하시니라
(요한복음 8장 3-11절)

성전 마당에서 예수님이 하나님 나라에 대하여 가르치실 때에 사람들이 간음을 하다 현장에서 잡힌 여자를 끌고 들어왔습니다. 여인은 수치심에 몸을 떨며 끌려 왔습니다. 돌을 들고 곧 죽일 것처럼 노려보는 성난 군중에 둘러 쌓여 두려움에 사로잡혀 벌벌 떨고 있습니다.

사람들은 금방이라도 여인을 돌로 쳐서 죽일 것처럼 몰아 붙입니다.

"예수님! 간음한 이 여자를 어떻게 할까요?"
"모세는 율법에 이런 여자는 돌로 쳐 죽이라고 하였습니다. 그런데 선생님은 뭐라고 하시겠습니까?"

예수님은 아무 말씀도 하지 않고 몸을 굽혀 손가락으로 땅에 글을 썼습니다. 긴장된 순간에 예수님은 땅바닥에 뭐라고 썼을까요? 예수님은 돌을 들고 있는 자들의 흥분을 가라앉히려고 땅에 글을 썼습니다. 성난 군중은 계속해서 몰아 붙입니다. "선생님! 어떻게 할까요? 지금 돌로 칠까요?" 하며 묻습니다. 예수께서 몸을 일으켜 오랜 침묵을 깨고 말씀하십니다.

"너희 중에 죄 없는 자가 먼저 돌로 치라."

사람들은 이 말씀에 서로 눈치를 봅니다. '나도 죄가 있는데, 죄가 없이 깨끗한 다른 사람이 돌을 던지면 따라 던져야지.' 하며 서로 눈치만 보고 아무도 돌을 던지려고 하지 않습니다.

성난 사람들은 분노가 가라앉게 되고 양심의 가책을 느껴 어른으로 시작하여 젊은이까지 한 사람씩 자리를 떠났습니다. 지금까지 자신의 죄를 잊고 가련한 여인의 죄만 비난하고 공격하던 이들이 비로소 자신도 추악한 죄인임을 깨닫게 되었습니다. 자신 또한 돌에 맞는 무서운 심판을 받아 마땅한 장본인임을 깨달은 것입니다.

죄에서 자유로운 사람은 아무도 없습니다. 죄가 만천하에 드러나 망신을 당하고 있는 여인은 분명 죄인입니다. 동시에 그 여인을 비난하며 정죄하고 돌을 들어 치려는 사람들도 모두 죄인입니다.

"너희 중에 죄 없는 자가 먼저 돌로 쳐라."는 예수님의 말씀에 사람들이 자신의 죄를 깨닫고 양심의 가책을 느껴 하나 둘 다 떠나가고 그 자리에는 예수님과 여인만 남았습니다. 예수님은 여인에게 말씀하십니다.

"나도 너를 정죄하지 아니하니 가서 다시는 죄를 범하지 말라."

예수님은 죄가 전혀 없으신 거룩하신 분이시기에 얼마든지 정죄할 수 있지만 정죄하지 않고 용서해 주셨습니다. '저는 죄인입니다. 불쌍히 여겨 주세요.' 하는 심정으로 엎드려 있던 여인은 그렇게 온전한 죄 사함을 받았습니다.

성경은 로마서 8장 1절에 "그리스도 예수 안에 있는 사람들은 정죄를 받지 않는다."고 약속합니다. 우리도 여인처럼 온갖 죄로 인해 고발당하고 심판 받을 운명이지만 예수 안에 거하면 죄 정함을 받지 않고 용서를 받습니다. 하나님은 예수를 믿고 그리스도 안에 거하는 이들에게 모든 죄를 깨끗이 용서해 주심을 약속해 주셨습니다.

유명한 천문학자 코페르니쿠스가 세상을 떠날 때 자기의 묘비를 자신이 직접 썼습니다. 묘비에는 "하나님이여, 나는 바울이 가졌던 특권을 구하지 않습니다. 베드로에게 주셨던 능력도 구하지 않습니다. 다만 예수님의 십자가 옆에 있었던 강도에게 베푸신 그 긍휼을 구할 뿐입니다."라고 썼습니다. '죄인인 내가 이 세상을 떠나 하나님 앞으로 갈 때에 십자가 옆에 있던 강도에게 베푸신 긍휼을 나에게도 베풀어 주세요. 불쌍히 여기시고 죄 사함의 은혜를 내려주세요.' 한 것입니다.

우리를 영원히 불행하게 만드는 죄에서 벗어나고 죄 사함을 받는 것이야말로 큰 은혜입니다. 예수님께 나아가면 어떤 부끄러운 죄를 짓고 괴로워하는 사람도 다 용서를 받습니다. 예수님을 믿어 예수님 안으로 옮겨가면 정죄 받지 않고 불쌍히 여김을 받습니다. 예수 안으로 옮겨오시기 바랍니다.

> 예수께서 이르시되
> 나도 너를 정죄하지 아니하노니
> 가서 다시는 죄를 범하지 말라 하시니라
> ...
>
> 요한복음 8장 11절

가장 복된 만남

― 사람에게 상처받고 실망하고 있는 이에게

예수께서 나다나엘이 자기에게 오는 것을 보시고 그를 가리켜 이르시되 보라 이는 참으로 이스라엘 사람이라 그 속에 간사한 것이 없도다
(요한복음 1장 45-51절)

　　　　　　　　　살인사건이 종종 뉴스에 보도되고 있습니다. 부부간에 다툼이 일어나 죽이고 시체를 유기합니다. 형제간에 돈 문제로 다투고 총으로 쏘아 죽입니다. 친구가 어느 날 갑자기 흉기를 가지고 찾아와 죽이고 금품을 가로채 달아납니다.

　이런 뉴스를 보면 사람이 몹시 두려워집니다. 이제껏 살아오면서 악랄한 사람들을 만나지 않고 산 것이 참 감사합니다.

　인생을 살아가면서 '어떤 사람을 만나느냐'가 참 중요합니다. 그래서 우리는 만남의 복을 위해 기도해야 합니다.

　나다나엘에게 어느 날 친구 빌립이 찾아와 "내가 메시아를 만났는데 그분은 바로 나사렛 예수다."라고 하였습니다. 나다나엘은 "나사렛에서는 지금까지 한 번도 훌륭한 인물이 나온 적이 없는데"

하며 믿지 못했습니다. 그러자 빌립이 "일단 가서 직접 만나보세." 하며 잡아 끌었습니다.

　예수님은 나다나엘이 가까이 오는 것을 보시고 "이 사람은 참 이스라엘 사람이다. 거짓된 것이 조금도 없다." 말씀하셨습니다. 나다나엘이 "어떻게 저를 아십니까?" 하자 예수님은 "빌립이 그대를 부르기 전 무화과 나무 아래서 율법을 묵상하는 것을 보았다." 하십니다.

　나다나엘은 지방색의 편견이 심했습니다. 선지자는 오직 유대지방에서만 날 수 있고, 시골인 갈릴리 그것도 작은 동네 나사렛에서 큰 인물이 나올 수 없다고 단정했습니다. 나사렛 출신인 예수님은 절대 메시아일 수 없다고 생각했습니다. 절친한 친구 빌립이 예수님을 만나고 확신에 차서 소개를 하여도 안 믿었습니다.

　나다나엘은 편견으로 인해 구원받을 좋은 기회를 잃어버릴 뻔 하였습니다. 예수님과 복된 만남을 갖고 좋은 관계로 이어질 좋은 기회를 놓칠 뻔했습니다.

　부정적인 시각으로 예수님을 향해 함부로 말한 나다나엘을 예수님은 미워하지 않고 오히려 정직하고 거짓이 없는 참 이스라엘 사람이라고 칭찬하십니다.

사람을 겉으로만 판단하고 섣불리 편견을 갖기 쉽습니다. 편견에 갇히면 좋은 사람을 잃어 버립니다. 살면서 만나는 좋은 사람들과 좋은 관계를 맺고 만남의 복을 누리려면 편견을 버려야 합니다. 편견은 사람의 진면목을 못 보게 합니다.

기독교에 대한 편견이 심한 사람들이 많습니다. 편견 때문에 예수님에 대하여 제대로 알아보려고도 하지 않고 부정적인 생각으로 굳어 있습니다. 복음을 아예 듣지도 않으려고 하며 교회와 그리스도인을 미워합니다.

예수님은 편견에 사로잡힌 나다나엘의 강점을 찾아 오히려 칭찬하셨습니다. 예수님은 우리의 약점과 허물을 덮어주시고 우리에게 있는 좋은 면을 찾아 칭찬해 주십니다. 우리에게 죄와 허물로 인한 추한 면이 많이 있음에도 불구하고 다 덮어 주시고 좋은 면을 찾아 드러내시고 사랑스럽게 바라보십니다.

사람들은 다른 사람의 약점을 찾아내어 약점을 통해 그 사람을 바라보는 습성이 있습니다. 그 사람의 단점과 죄, 그리고 실수를 보며 그런 사람이라고 단정합니다. 그런 태도는 부정적인 평가를 하는 당사자에게도 영향을 끼쳐 자신에 대해 부정적으로 바라보게 만듭니다. 그래서 대부분의 사람들은 자신의 허물이나 약점 그리고 과거의 실수 때문에 위축되어 있습니다. 스스로를 비난합니다. 기회가 주어져도 두려워하고 용기를 내지 못합니다.

예수님은 누구를 만나든지 장점을 통해 그를 바라보십니다. 강점을 키워주고 칭찬해 주어서 변화시키십니다. 그래서 사람들이 예수님을 만나면 변화됩니다. 불행한 사람이 행복해집니다. 부정적인 사람이 긍정적 사람이 됩니다. 비난으로 움츠러든 사람이 자신감을 갖게 됩니다. 두려워하던 사람이 담대해집니다. 예수님을 만나면 마음이 행복해지고 얼굴이 밝아집니다.
나다나엘도 약점을 장점으로 바꾸어 칭찬하시는 예수님을 만나자 놀랍게 변했습니다.

"선생님! 당신은 하나님의 아들이시며 당신은 이스라엘의 왕이십니다."

마침내 나다나엘은 예수님이 이스라엘 사람들이 기다려온 하나님의 아들 곧 메시아임을 깨닫고 믿음을 고백한 것입니다.
그러자 예수님은 놀라지 말라고 하시며 그보다 더 놀라운 일, 위대한 일을 보게 될 것이라고 하십니다.

"네가 하늘이 열리고 하나님의 천사들이 인자 위에 오르락내리락 하는 것을 보리라."

무신론자 헉슬리가 어느 집의 주말 파티에 초대를 받아 사람들과 어울렸습니다. 주일 아침이 되자 사람들은 모두 교회에 갈 준비를 하였습니다. 헉슬리는 혼자 남게 될 것이 싫어서 한 사람에게 다가가서 말했습니다.

"나와 함께 있으며 당신이 어떻게 그리스도인이 되었는지 말해 주지 않을래요?"
"나는 당신 같은 학자에게 논쟁을 통해 그리스도를 증명할 수는 없습니다. 그러나 그리스도는 모든 사람이 당신을 떠나도 당신 곁에 남아 있는 유일한 친구입니다. 그것이 내가 오늘 당신 곁에 친구로서 머물기를 결심한 이유입니다."

그러자 헉슬리의 눈에 눈물이 고이며 고백합니다.

"그리스도가 당신 같은 친구라면 나도 그를 믿고 싶소"

예수님은 여러분의 진실한 친구이며 영원한 친구가 되고 싶어 하십니다.

예수께서 나다나엘이 자기에게 오는 것을 보시고
그를 가리켜 이르시되
보라 이는 참으로 이스라엘 사람이라
그 속에 간사한 것이 없도다
...

요한복음 1장 47절

스트레스에서 벗어나라

― 삶의 무게에 눌리고 지쳐 있는 이들에게

수고하고 무거운 짐 진 자들아 다 내게로 오라 내가 너희를 쉬게 하리라
(마태복음 11장 28-30절)

많은 사람들이 무언가에 눌려 살고 있습니다. 각색 질병에 눌려 있는 사람도 있습니다. 국가와 사회의 제도와 차별에 눌려 사는 사람도 있습니다. 영적으로 마귀에게 눌려 사는 사람도 있습니다. 그런데 예수님께서 모든 눌린 자의 결박을 풀어 주십니다.

현대인 중에는 심석으로 심한 스트레스에 시달리는 사람들이 많습니다. 스트레스는 사람들로 하여금 쉽게 지치게 하고 피곤하게 만듭니다. 스트레스는 사소한 일에도 짜증이 나게 만듭니다. 스트레스는 심장병, 위장병, 불면증, 각종 암을 유발시키는 발병 원인이 되기도 합니다. 스트레스는 기억력을 둔화시키며 판단력을 흐리게 하기도 하고 우리로 불안하고 두렵게 만듭니다. 우리의 행복을 송두리 채 앗아가는 정신적으로 나쁜 바이러스 같은 것입니다.

현대인들은 이런 스트레스로부터 해방되기 위해 안간힘을 쓰고 있습니다. 노래와 춤으로 스트레스를 날려 버리려는 사람이 있습니다. 여행이나 운동으로 스트레스를 푸는 사람도 있습니다. 그 외에도 영화를 보거나 동호회 활동을 통하여 스트레스를 푸는 사람도 있습니다. 이런 것들은 스트레스 해소에 많은 도움이 되기는 하지만 스트레스로부터 완전히 자유를 가져다 주지는 못합니다.

그렇다면 온갖 스트레스로부터 해방되어 진정한 안식을 누리려면 어떻게 해야 될까요? 예수 그리스도는 자신 있게 말씀하십니다.

"수고하고 무거운 짐을 진 사람은 모두 내게로 오너라 내가 너희를 쉬게 하겠다." (마태복음 11장 28절)

예수님이 온갖 스트레스에 눌려 괴로워하는 사람들에게 약속하신 것이 무엇입니까? 우리를 무겁게 하고 지치게 하는 짐을 벗겨 주시고 안식 즉 쉼을 주겠다고 약속하십니다.

예수님이 어떻게 우리의 무거운 짐을 벗겨 주실 수 있을까요? 예수님이 어떻게 지쳐있는 우리에게 쉼을 주실 수 있을까요?

예수 그리스도는 우리의 무거운 죄 짐을 벗겨 주십니다. 누구든지 무거운 죄의 짐을 지고 예수님께 나아가면 죄 사함을 주시고 무거운 죄책감에서 벗어나게 해 주십니다. 죄 사함을 받아 무거운 죄 짐이 벗겨지면 우리 마음은 날아갈 듯이 가벼워지고 기쁨이 샘 솟게 됩니다. 우리를 짓 누르던 온갖 스트레스도 다 사라집니다.

종교를 짐으로 생각해서 자기가 믿던 신앙을 버리고 인생의 긴 방황을 하다가 예수 그리스도께 돌아온 사람이 있습니다. 그의 이름은 톨스토이입니다. 톨스토이는 55세가 되었을 때 이런 글을 남겼습니다.

"나는 지난 55년간 살아오는 동안 15년간의 소년기를 제외하고는 안식을 누리지 못하고 살아왔다. 내가 18세 되던 해 친구가 찾아와 신이 인간을 만든 것이 아니라 인간이 신을 만들었다고 나를 설득했다. 나는 그 말이 진리라고 생각하여 기독교를 떠나기로 결심했다. 나는 종교는 속박이라고 생각하고 종교를 포기하는 것이 자유를 얻는 길이라고 생각했다. 그러나 내 나이 55세, 이제 나는 내가 버린 어머니의 품과 같은 신앙의 품으로 돌아 온다. 나는 종교로 돌아온 것이 아니다. 예수 그리스도에게로 돌아 왔다. 그리고 예수 안에서 참된 안식을 발견했다."

혹시 당신은 삶의 무거운 짐에 짓눌려 있지 않습니까? 해결되지 않은 죄의 짐을 지고 비틀거리며 신음하고 있지 않습니까? 무거운 모든 짐을 벗겨 주시는 예수 그리스도를 만나 스트레스에서 완전히 해방되십시오. 삶의 무게에 짓눌려 지쳐있는 모든 인생들을 예수 그리스도께서 초청하십니다.

수고하고 무거운 짐 진 자들아
다 내게로 오라 내가 너희를 쉬게 하리라

마태복음 11장 28절

최고의 건축자

12

— 쉽게 성공하려는 이들에게

그러므로 누구든지 나의 이 말을 듣고 행하는 자는 그 집을
반석 위에 지은 지혜로운 사람 같으리니
(마태복음 7장 24-27절)

미국 미시간 호수 근처에는 큰 모래 언덕이 형성되어 있었습니다. 그 언덕 위에서 내려다보면 호수의 광경이 그렇게 아름다울 수 없었습니다. 그래서 사람들은 높은 모래 언덕 위에 아름다운 집들을 짓고 살았습니다. 지나는 사람마다 '저 아름다운 집에서 산다면 얼마나 좋을까!' 하고 부러워했습니다.

그런데, 호수의 수위가 점차 높아지기 시작하면서 모래 언덕이 무너지기 시작했습니다. 어느 여름 매서운 바람은 기센 파도를 일으켜 모래 언덕을 붕괴시켰습니다. 모래 언덕 위에 있던 아름다웠던 집들도 붕괴되고 말았습니다.

우리의 인생도 모래 언덕 위의 집과 같습니다. 모든 것이 순조롭고 좋은 일만 있을 때는 안전하게 여겨집니다. 그러나 실패나 질병

이야기로 전하는 복음

혹은 환난과 시련이라는 폭풍이 몰아칠 때 그동안 애써 이루어 놓은 모든 것이 순식간에 함께 무너지게 됩니다.

예수님은 우리 인생을 집을 짓는 건축자에 비유하셨습니다. 폭우가 내리고 홍수가 나거나 폭풍이 몰아칠 때 모래 위에 세운 집은 무너지고 맙니다. 그러나 반석 위에 세운 집은 거친 비바람을 모두 견디어 냅니다.

애써 지은 집이 한 순간에 무너져 버리면 얼마나 허무하고 억울합니까? 그리고 그 집안에 살고 있는 사람의 운명은 얼마나 위험합니까?

반면에 탄탄한 기초 위에 튼튼하게 집을 지어 아무리 비가 많이 오고 바람이 세게 불어와도 심지어 지진이 발생해도 무너지지 않고 그대로 서 있다면 고생한 보람이 있고 그 안에 거하는 사람들도 모두 안전하게 될 것입니다.

우리 주위를 돌아 보면 인생의 비바람을 견디지 못하고 무너져 버린 인생이 수없이 많습니다. 어떤 이는 질병의 비바람에 무너져 버렸습니다. 어떤 이는 경제적인 비바람에 무너져 버렸습니다. 어떤 이는 배신당한 아픔을 견디지 못하고 무너져 내렸습니다. 그 외에도 실직, 부도 등 세찬 비바람이 불어올 때 쉽게 무너져 내리는 인생이 많습니다.

그렇지만 똑같은 인생의 비바람을 만났어도 요동하지 않고 그 자리에 떡 버티어 서 있는 인생도 얼마든지 있습니다. 어려움을 잘 견디어내며 조금도 불행해지지 않고 행복을 지켜내는 아름다운 인생이 있습니다.

사나운 인생의 비바람에도 흔들리지 않고 견고하게 서서 버텨내는 힘이 어디에서 나오는 것일까요? 반석 위에 세운 집과 같이 튼튼하고 안전한 인생을 세우려면 어떻게 해야 하는 것일까요? 위기의 순간에 우리 인생을 흔들리지 않도록 받쳐줄 수 있는 것이 무엇일까요?

움직이는 기초인 모래 위에 집을 짓는 것처럼 움직이고 변하는 것들 위에 세운 인생은 반드시 무너질 수밖에 없습니다. 무슨 일이 있어도 움직이지 않고 변하지 않는 반석 위에 인생을 세우는 수고를 해야 무너지지 않습니다. 그 수고한 것이 사라지지 않고 영원히 남아 있게 됩니다.

일본 도쿄의 임페리얼 호텔은 미국인 건축가 F. 화이트 씨가 지었습니다. 4년 동안 호텔을 지었는데 꼬박 2년간 기초공사만 했습니다. 그러자 일본의 건축계와 언론은 비싼 돈 들여 외국인을 불러와 헛일만 한다고 난리였습니다. 기초공사에 많은 돈과 전체 공사기간의 절반이나 투자하는 것을 이해할 수 없었습니다.

그런데 임페리얼 호텔의 진가는 공사가 끝난 지 52년이 지났을 때 드러났습니다. 유명한 도쿄 대지진 때 동경시내 대부분의 건물들이 무너졌지만 임페리얼 호텔은 객실의 커피잔 하나 깨지지 않을 정도로 튼튼하게 서 있었습니다.

건물을 세울 때 탄탄한 기초 위에 세워야만 하듯이 예수님을 기초로 삼고 인생을 세워야 합니다. 성경은 주 예수 그리스도만이 우리의 유일한 반석이라고 말씀합니다.(고린도전서 10장 4절)

예수님께서 제자 베드로의 "주는 그리스도시요. 살아계신 하나님의 아들이십니다." 하는 고백을 들으시고 "내가 이 반석 위에 내 교회를 세우리니 어떤 죽음의 세력도 그것을 이기지 못할 것이다."라고 하셨습니다.

교회뿐 아니라 우리 인생도 절대 움직이지 않는 예수님 위에 세워야 합니다.

세상의 모든 것은 움직이는 것들입니다. 상황에 따라, 시대와 유행에 따라 변합니다. 세상의 폭풍우 앞에 모든 것은 밀려나고 움직입니다. 그러나 예수 그리스도는 반석이 되셔서 흔들리지 않습니다. 따라서 예수 그리스도 위에 인생을 세우면 처음에는 힘든 것 같아도 위기 앞에서 견고하게 서 있습니다.

요즘 사람들이 너무 쉽게 무너집니다. 학생들은 성적이 오르지 않는다고 낙심하고 자포자기합니다. 가난이 싫다고 집을 나가는 주부도 많습니다. 아무도 나를 사랑해 주지 않는다고 인생을 포기하는 젊은이도 적지 않습니다. 실직했다고, 사업에 실패했다고 노숙자가 되기도 합니다. 이런저런 이유로 어떤 이는 가출하고, 어떤 이는 자살하고, 어떤 이는 탈선하는 요지경 세상입니다.

그렇지만 예수를 잘 믿는 크리스천들은 시험과 고난을 만나도 요동하지 않습니다. 가난해져도 기쁨을 잃어버리지 않습니다. 사업에 실패해도, 경제적으로 궁핍해져도 가출하는 사람이 아무도 없습니다. 학생들도 성적이 오르지 않아도 밝고 씩씩합니다. 사업이 실패했다고 노숙자가 된 사람이 한 사람도 없습니다. 어떤 시련이 와도 잘 이겨내고 잘 견뎌냅니다.

예수님 위에 인생을 세웠기 때문에 흔들리지 않고 포기하지 않고

아름답게 세워집니다. 고난 중에도 예수님을 의지하여 잘 극복하고
더 좋아지고 더 강해집니다.

그러므로 누구든지 나의 이 말을 듣고 행하는 자는
그 집을 반석 위에 지은 지혜로운 사람 같으리니

마태복음 7장 24절

다시 태어난 사람

— 진리를 갈급해 하는 사람에게

예수께서 대답하여 이르시되 진실로 진실로 네게 이르노니
사람이 거듭나지 아니하면 하나님의 나라를 볼 수 없느니라
(요한복음 3장 1-15절)

니고데모라는 한 남자가 있었습니다. 니고데모는 바리새인입니다. 율법을 잘 지키는 종교적인 배경이 화려한 사람이었습니다. 또한 유대인의 지도자였습니다. 유대인의 국회인 산헤드린 공회의 의원이었습니다. 게다가 니고데모는 유대인들에게 존경받는 유대교의 랍비였습니다.

이렇게 대단한 사람이 예수님을 찾아왔습니다. 밤중에 예수님께 와서 "랍비여! 우리가 당신은 하나님께로부터 오신 선생님인 줄 압니다." 하며 엎드립니다. 니고데모는 사회적으로 상당히 높은 지위와 신분을 가지고 있었지만 풀리지 않는 인생의 질문을 안고 있었습니다. 니고데모는 용기를 내어 밤중에 은밀하게 예수님을 찾아와 인생의 해답을 찾고자 하였습니다.

예수님께서는 한 눈에 니고데모가 왜 찾아왔는지를 아시고 그가 안고 있는 인생의 의문, 스스로의 힘으로 풀지 못하는 질문을 꿰뚫어보시고 말씀하십니다.

"누구든지 다시 태어나지 않으면 결코 하나님의 나라를 볼 수 없다네."

아무리 화려한 종교적인 배경을 가지고 있어도 거듭나지 않으면 소용없고, 도덕적으로 정직하게 살았어도 거듭나지 않으면 하나님 나라를 볼 수 없다고 하신 것입니다. 많은 지식을 가지고 있어도, 사회적으로 고귀한 신분을 가졌어도 거듭나지 않으면 하나님의 나라에 들어가지 못한다고 하신 것입니다.

니고데모는 그 말씀이 이해되지 않았습니다. '거듭나다니? 사람이 한 번 태어나면 되지! 또 다시 태어나라니 어떻게 그럴 수 있지?'

"선생님! 사람이 한 번 태어나고 자라서 늙으면 어떻게 또 태어날 수 있습니까? 모태에 다시 들어갈 수 있습니까?"

니고데모는 거듭남을 육체적인 출생으로 생각했습니다. 그러자 예수님이 다시 말씀하십니다.

"누구든지 물과 성령으로 나지 않으면 하나님의 나라에 들어갈 수 없다네."

첫 번째 출생인 모태에서 육체적으로 태어나는 방식과는 달리 두 번째 태어남은 영적 출생인데 물과 성령으로 태어나는 것이고 하나님 나라에 들어가기 위한 절대 조건이라는 것입니다.

죠지 휘필드라는 유명한 목사님이 있었습니다. 죠지 휘필드 목사님은 거듭나야 한다는 설교를 즐겨했습니다. 이 설교를 듣고 한 청년이 은혜를 받았습니다. 은혜를 받고 나니까 목사님이 굉장히 좋아졌습니다. 그래서 목사님을 찾아와 "목사님의 자원비서를 하고 싶습니다." 하였습니다. 그래서 휘필드 목사님의 비서가 되어 부흥회를 하는 곳마다 따라 다녔습니다. 그런데 휘필드 목사님이 가는 곳마다 '거듭나야 한다'는 똑 같은 설교만 합니다. 어느 날 설교를 마친 목사님께 "목사님! 똑 같은 설교를 70번이나 하셨습니다. 언제 새로운 설교를 하실 겁니까?" 휘필드 목사님이 청년에게 말했습니다. "왜 그런지 아느냐? 네가 거듭나야 하기 때문이다."

예수님이 니고데모에게 똑같이 강조하셨습니다. "거듭나지 않으면 하나님 나라와 아무 상관이 없다."라고 말입니다.

우리가 하나님의 나라를 체험하려면 거듭나야 합니다. 어떻게 거듭날 수 있습니까? 거듭남은 영적으로 태어나는 것입니다.

남자와 여자가 만나 성관계를 맺으므로 임신하고 아기가 태어납니다. 이를 육체적인 출생이라고 한다면 하나님의 영과 인간의 영이 만날 때 새로운 영적인 존재로 창조됩니다. 이것이 영적인 출생이며 거듭남입니다. 구원받는 과정 내내 예수님의 영이 우리 안에서 역사하십니다. 닫혀진 마음을 열게 하시고 진리를 깨닫게 도우십니다. 하나님의 말씀이 이해되게 하시고 믿어지게 도우십니다. 성령님이 우리 안에 오시면 예수님을 구주라고 또 주님이라고 고백하게 됩니다. 성령님이 오시면 고백할 뿐 아니라 예수님을 사랑하고 신뢰하게 됩니다. 성령님이 오시면 구원과 천국이 믿어지고 확신에 차서 새로운 삶을 살게 됩니다.

니고데모는 겸손히 거듭남의 진리를 받아들이고 구원받았습니다. 예수님을 믿으므로 새롭게 태어났습니다. 예수님이 십자가에서 죽으셨을 때에 빌라도 총독에게 찾아가 시신을 달라고 하여 정성껏 장례를 치른 이가 바로 니고데모입니다. 니고데모는 예수님을 만나 거듭났습니다. 새 생명을 얻었습니다. 거듭남으로 이전에 귀족의 신분을 가지고도 누리지 못하던 자유와 평안을 맛보았습니다. 종교적인 열심과 지식으로 얻지 못했던 영생의 확신이 예수님을 만나고 임하였습니다. 도덕적인 깨끗함으로도 맛보지 못했던 천국을 거듭남으로 맛보며 살게 되었습니다. 여러분은 진정 거듭났습니까? 아직 거듭나지 못했으면 꼭 거듭나시기 바랍니다.

예수께서 대답하여 이르시되 진실로 진실로 네게 이르노니
사람이 거듭나지 아니하면
하나님의 나라를 볼 수 없느니라
...

요한복음 3장 3절

원격 조종

― 악한 영에게 시달리는 이들에게

이는 예수께서 이미 그에게 이르시기를 더러운 귀신아 그 사람에게서 나오라 하셨음이라
(마가복음 5장 1-20절)

요즈음 사람들이 많이 난폭해졌습니다. 복수심에 불타서 몰래 공기총으로 사람을 쏘아서 상해를 입히는 사람이 있는가 하면 닥치는 대로 아무에게나 흉기를 휘둘러 사람을 해치는 사람도 있습니다. 기분이 상했다고 다른 사람의 차를 쫓아가 위협하고 보복 운전하는 사람도 있습니다.

어느 마을에 동네 사람들을 못살게 구는 청년이 있었습니다. 깜짝깜짝 놀라게 소리를 지르고 다니는가 하면 난폭하고 위협적인 행동을 일삼아 동네 사람들이 너무 불안해서 그를 쇠사슬로 묶어 놓았습니다. 그런데 청년의 힘이 어찌나 센지 쇠사슬을 끊어버리고 돌아다닙니다. 아무도 그 청년을 억제할 수가 없습니다. 이 청년은 마을 사람들에게 위협이 될 뿐 아니라 자기의 몸에 돌로 자해를 하였습니다. 피 투성이가 되어 나타나면 보는 사람마다 소름이 끼쳤습니다. 또 그런 청년을 바라보는 가족들의 마음이 얼마나 괴롭고 안타까웠을까요? 본인 또한 얼마나 고통스러웠을까요?

어느 날 그 마을에 예수님께서 찾아오셨습니다. 청년은 예수님을 발견하고 달려와 말합니다.

"나를 괴롭게 하지 마십시오."

예수님께서 그에게 아무 것도 하지 않았는데 괴롭히지 말아 달라는 것입니다. 예수님은 그 누구도 괴롭힌 적이 없습니다. 그런데 왜 그 청년은 예수님께 괴롭히지 말아달라고 사정했을까요? 그것은 그 청년 안에 들어가 청년을 괴롭히는 귀신이 하는 말이었습니다. 예수님이 청년을 불쌍히 여기셔서 청년 안에 숨어 있는 귀신을 쫓아내실 것을 알고 귀신이 그러지 말아달라고 사정한 것입니다.

예수님께서는 귀신의 간청에도 불구하고 귀신에게 붙잡혀 난폭한 행동을 하는 청년을 불쌍히 여기시고 단호하게 말씀하십니다.

"더러운 귀신아! 그 사람에게서 나오라."

예수님의 명령에 청년 안에 숨어 있던 귀신들이 청년의 몸 안에서 빠져 나와 돼지 떼에게 들어갔습니다. 귀신 들린 돼지 떼들이 비탈로 내리 달려 바다에 모두 빠져 죽었습니다.

아무도 억제할 수 없던 난폭한 청년은 정신이 온전하여져 옷을 입고 예수님 앞에 온순한 모습으로 앉아 있게 되었습니다. 예수님은 청년에게 가족에게 돌아가 예수님이 행하신 일과 자신이 온전하여진 것을 알리라고 하시고는 거기를 떠나셨습니다.

우리 자신이나 주변에 난폭한 사람이 있다면 그 사람도 보이지 않는 존재의 지배를 받고 그를 조종하는 어떤 세력의 영향일 가능성이 높습니다. 우리에게는 근본적으로 원격 조종하는 세력을 물리칠 힘이 없습니다. 그렇지만 예수님께서는 사람 안에 숨어 난폭하게 날뛰도록 역사하고 조종하는 악한 세력을 물리칠 강력한 힘이 있습니다.

　사람들은 악한 영에게 사로잡혀 난폭한 행동을 하는 사람을 두려워하고 싫어합니다. 그렇지만 예수님은 그런 사람도 미워하시지 않으십니다. 악한 영에게 원격 조종을 당하는 사람도 외면하지 않고 오히려 관심을 갖고 불쌍히 여겨서 도와주고 온전하게 해주십니다. 우리 눈에 아무 쓸모 없어 보이는 사람도 예수님은 그냥 지나치지 않고 관심을 가지고 사랑하십니다. 행복한 삶을 살 수 있도록 원격 조종하는 악한 존재를 쫓아주고 온전하게 해주십니다.

　불행한 사람 안에서 조종하는 악한 세력을 쫓아 내려면 큰 능력으로 악한 세력을 능히 이기는 예수님께 나아가야 합니다. 예수님이 사람 안에서 역사하는 모든 악한 영을 꾸짖고 쫓아내도록 괴로움을 참고 연약한 자신을 예수님께 보이며 온전히 맡겨야 합니다.

> 이는 예수께서 이미 그에게 이르시기를
> 더러운 귀신아 그 사람에게서 나오라 하셨음이라
> ...
>
> 마가복음 5장 8절

다시는 목마르지 않는 생수

― 세상의 쾌락을 쫓는 이들에게

내가 주는 물을 마시는 자는 영원히 목마르지 아니하리니
내가 주는 물은 그 속에서 영생하도록 솟아나는 샘물이 되리라
(요한복음 4장 9-14절)

프리츠 크라이슬러는 세계적인 바이올리니스트입니다. 공연과 작곡으로 많은 돈을 벌었지만, 흔쾌히 기부했습니다. 우연히 아주 훌륭한 바이올린을 발견했는데 구입할 돈이 없었습니다. 충분한 돈을 모아서, 그 바이올린을 구입하려고 찾아갔는데 이미 수집가에게 팔려버렸습니다. 크라이슬러는 새 소유주에게 찾아가 그 바이올린을 사고 싶다고 말했으나 팔지 않겠다고 했습니다.

크라이슬러가 실망하여 발길을 돌리려다가 "이 악기가 침묵 속에 갇히기 전에 제가 한 번만 연주할 수 있을까요?" 하고 부탁하였습니다. 허락이 떨어졌고 위대한 거장은 심금을 울리는 연주를 하였습니다. 그러자 수집가의 마음이 흔들렸습니다.

"저는 이 악기를 소유할 권한이 없습니다. 크라이슬러 씨, 이것은 당신 것입니다. 세상에 가져가서 사람들이 그 소리를 맘껏 들을 수 있도록 하십시오."

우리 인생도 마찬가지입니다. 아무리 존귀하게 지음 받고 가능성이 무한해도 위대한 연주가를 만나기 전까지는 빛을 발할 수 없습니다. 최고의 바이올린이 최고의 연주자를 만나 진가를 발휘하듯이 예수님을 만날 때 우리 인생은 아름답게 빛을 발하기 시작합니다. 예수님을 만나고 진짜 사랑을 발견하면 마음이 행복하게 변합니다. 예수님을 만나고 하나님의 사랑이 부어지면 가정생활도 천국으로 변합니다.

아무 기쁨이 없이 살던 여인이 있습니다. 진실한 친구도 없습니다. 사람들을 만나는 것 조차 싫어하며 외롭게 살았습니다. 마음에는 상처뿐이고 본능적으로 만나는 사람들에게 공격적이 되어 날카로운 발톱을 치켜 세우는 여인이었습니다.

여인이 사는 수가 마을에는 야곱의 우물이라는 오래되고 깊은 우물이 있습니다. 어느 날 한낮에 여인은 물을 길러 물동이를 이고 우물로 갔습니다. 이 여자는 사람들이 싫어서 선선한 저녁 나절을 피해 뜨거운 한낮에 물 길러 온 것입니다.

그런데 그날따라 우물가에 낯선 사람이 있었습니다. 그 낯선 남자가 말을 걸어 오는 것이었습니다.

"물 한 그릇만 부탁합시다."
"선생님은 유대 사람인데 어떻게 사마리아 여자인 나에게 물을 달라고 하십니까?"

하고 쏘아붙였습니다. 그러자 낯선 사람이 대답합니다.

"내가 누구인 줄을 알았더라면, 당신이 나보고 물을 달라고 했을 것이오. 그러면 나는 당신에게 생수를 주었을 것이오."

그러자 여인은 빈정거립니다.

"당신은 두레박도 없고 우물은 굉장히 깊은데 어떻게 생수를 줄 수 있습니까?"
"이 물을 마시는 사람은 곧 다시 목마르지만 내가 주는 물을 마시는 사람은 영원히 목마르지 않을 것이오. 내가 주는 물은 그 안에서 영생하도록 솟아나는 샘물이 될 것이오."

여인은 간청했습니다.

"선생님, 그 물을 제게 주십시오. 다시 목마르지도 않고 또 여기 물 길러오지도 않게 생수를 주십시오."

예수님은 영생을 물로 비유한 것입니다. 영원한 생명을 물로 비유한 것입니다. 물은 누구에게나 필요합니다. 물 없이는 살 수 없습니다. 영생은 그런 것입니다. 예수께서 주시는 영생이 필요하지 않은 사람은 한 사람도 없습니다.

또한 우리 인생은 목이 마른 광야입니다. 물을 마셔도 다시 목마릅니다. 세상의 물은 잠깐 시원하게는 하지만 곧 다시 목마릅니다. 재물도 잠깐 만족을 주나 다시 목마릅니다. 쾌락도 잠깐 만족을 주지만 다시 목마릅니다. 지식도 잠깐 만족을 주나 곧 다시 목마릅니다. 잠시 만족하다가 금새 갈증에 시달리고 해소하려고 몸부림치는 것이 인생입니다.

그 여인은 이제껏 남자를 계속 바꾸며 사랑을 갈구했습니다. 그럴수록 갈증은 더 심해지고 불행해졌습니다. 사람들은 여인을 비웃었습니다. 마음속에서 계속되는 욕망대로 살아보지만 결코 목마름을 해결할 수 없었습니다.

여인은 끝없는 갈증을 예수님이 해결해 줄지도 모른다는 생각이 들었습니다.

"선생님, 그 물을 내게 주셔서, 내가 목마르지도 않고 또 물을 길으러 여기에 나오지 않게 해 주십시오."

"가서, 남편을 불러오시오."

"저에게는 남편이 없어요."

"그렇소. 당신에게 남편이 다섯이나 있었고 지금 함께 사는 남자도 남편이 아니지요."

남편이 없다고 잡아떼던 여인은 충격을 받습니다. '아니 오늘 처음 만난 이 사람이 내 과거를 다 알고 있다니… 모든 것을 알고 있구나! 그렇다면 이 분은 하나님이 보낸 선지자구나!'

"선생님, 선생님은 예언자시군요? 그리스도가 오시면 모든 것을 알려 주신다고 하던데요."

"내가 바로 그대들이 기다리던 그 사람이오."

이야기로 전하는 복음

여인은 깜짝 놀랐습니다. 그리스도를 만난 것입니다. 그리고 보니 예수님과 대화를 하는 중에 평안이 밀려왔습니다. 기쁨이 솟아났습니다. 갈증이 다 사라졌습니다. 마음의 상처가 치유되었습니다. 이제 사람들이 두렵지 않습니다.

여인은 물동이를 버려두고 동네에 들어가서 사람들에게 "모두 나와보세요. 나의 과거를 낱낱이 알아 맞히신 분이 있어요. 그분은 그리스도입니다. 가서 그분을 만나보세요. 여러분도 나처럼 예수님 만나고 영생수 샘물을 선물로 받으세요. 그러면 속에서 기쁨의 솟아나고 행복해져요."라고 전하였습니다.

사마리아 여인처럼 예수를 만나면 마음에서 영생의 샘물이 솟아나게 됩니다.

> 내가 주는 물을 마시는 자는 영원히 목마르지 아니하리니
> 내가 주는 물은 그 속에서 영생하도록 솟아나는
> 샘물이 되리라
>
> ∴
>
> 요한복음 4장 14절

진정한 자유인

— 무언가에게 눌려 있는 이들에게

주의 성령이 내게 임하셨으니 이는 가난한 자에게 복음을 전하게 하시려고
내게 기름을 부으시고 나를 보내사 포로 된 자에게 자유를, 눈 먼 자에게
다시 보게 함을 전파하며 눌린 자를 자유롭게 하고
(누가복음 4장 18-21절)

어느 날 조각가 미켈란젤로가 산책을 하고 있었습니다. 오솔길을 돌아 막 동네 어귀에 이르렀을 때 미켈란젤로는 못생긴 대리석 하나를 발견하였습니다. 그 돌은 어느 저택 정원 한 모퉁이에 버려져 있었습니다. 미켈란젤로는 저택의 주인에게 정원 모퉁이의 대리석을 가리키며 물었습니다.

"저 돌을 나에게 줄 수 없습니까?"

주인이 의아한 듯 물었습니다.

"그 흠집 많은 돌을 가져가셔서 무엇을 하려고요?"
"저 안에는 천사가 갇혀 있군요. 제가 그 천사를 자유롭게 해드리고 싶어서 그럽니다."

그렇게 미켈란젤로의 손길을 통하여 못생긴 대리석은 유명한 작품 〔천사상〕으로 다시 태어났습니다.

예수님은 여러분 안에 갇혀 있는 고귀한 하나님의 형상을 회복시키려고 찾아 오셨습니다. 예수님은 제멋대로인 우리 인생을 다듬어 하나님의 형상으로 만들려고 하십니다. 어둠에 갇혀 있는 사람을 해방시켜 자유로운 사람으로 변화시키고 싶어 하십니다.

예수님 당시에 많은 사람이 율법에 매여 살았습니다. 율법의 속박 아래 눌려 살았습니다. 그런데 예수님이 오셔서 자유롭게 하셨습니다. 사람들에게 진리를 깨우쳐주어 자유를 누리며 살게 하셨습니다. 성경은 "그리스도께서 우리를 해방시켜 주시려고 자유를 누리게 하셨습니다. 그러므로 굳게 서서, 다시는 종살이의 멍에를 메지 마십시오(갈라디아서 5장 1절)."라고 말씀합니다.

인간은 그가 누리는 자유만큼 행복한 삶을 사는 것입니다. 당신은 자유를 누리고 있습니까?

예수님은 소문을 듣고 모여 온 사람들에게 "주님의 영이 내게 내

리셨다. 주님께서 내게 기름을 부으셔서 가난한 사람에게 기쁜 소식을 전하게 하셨다. 주님께서 나를 보내셔서 포로 된 사람들에게 해방을 선포하고, 눈 먼 사람들에게 눈 뜸을 선포하고, 억눌린 사람들을 풀어 주고"라는 예언의 말씀을 읽으시고는 "이 성경 말씀이 오늘 이루어졌다."고 하셨습니다.

예수님이 오심으로 새 시대가 시작되었습니다. 불행하고 고통받는 사람들에게 예수님을 통하여 해방이 주어졌습니다.

예수님이 오심으로 사람들을 속박하는 마귀 사단이 패배하게 되었습니다. 예수님은 사람들을 포로 됨으로부터 자유롭게 합니다.

하나님께서는 인간을 창조하실 때 자유로운 존재로 창조하셨습니다. 사람을 자유롭게 살도록 만드셨고 자유를 누리며 살도록 에덴동산을 주셨습니다. 그런데 처음 사람이 사단에게 속아 죄를 짓고 쫓겨나면서 하나님이 주신 자유를 잃어버리고 사단의 포로가 되어 끌려 다니게 되었습니다.

어떤 사람은 술의 포로가 되어 하루도 술이 없이는 살지 못합니다. 어떤 사람은 도박의 포로가 되어서 도박을 하지 않고는 하루도 못 견딥니다. 어떤 사람은 마약의 포로가 되어 죽어가고 있습니다. 어떤 사람은 음란의 포로가 되어 살고 있습니다. 욕심에 포로 된 자,

도벽의 포로 된 자, 쇼핑 중독자, 게임 중독자 등 수많은 이들이 무언가의 포로가 되어 마귀의 조종을 받으며 끌려 다니고 있습니다.

그것이 얼마나 자신을 망가뜨리고 있는지 알고 있으나 어쩌지 못합니다. 스스로의 힘으로 벗어나 보려고 안간힘을 쓰지만 벗어나지 못합니다. 포로가 되었기 때문입니다. 포로는 싫으나 좋으나 자신을 포로로 잡은 자에게 끌려 다닐 수밖에 없습니다. 포로는 자유가 없습니다. 얽매여 불행하게 살아갑니다.

그러나 복음의 능력이 임하면 자유롭게 됩니다. 예수님이 그 안에 들어가시면 그를 자유롭게 해주십니다. 그를 사로잡아 꼼짝 못하게 하던 것들이 다 떠나갑니다. 복음이 들어가면 자유롭게 되고 우리가 자유를 누리며 살 때에 행복이 있습니다.

예수님께서 자유를 회복시켜주려고 오셨습니다. 예수님께서 우리를 포로로 잡은 마귀의 세력을 이기셨습니다. 우리가 예수님을 구주로 모시면 예수님이 우리 안에 오셔서 마귀를 쫓아내 주십니다. 우리가 자유를 누리며 행복하게 살 수 있습니다. 예수의 영이 임하면 누구든지 자유롭게 됩니다. 이제까지 우리를 포로로 삼은 모든 사단의 권세로부터 풀려나 자유롭게 됩니다.

이야기로 전하는 복음

주의 성령이 내게 임하셨으니
이는 가난한 자에게 복음을 전하게 하시려고
내게 기름을 부으시고 나를 보내사
포로 된 자에게 자유를,
눈 먼 자에게 다시 보게 함을 전파하며
눌린 자를 자유롭게 하고
…

누가복음 4장 18절

낫고자 하느냐?

— 질병으로 고통을 겪고 있는 이들에게

예수께서 이르시되 일어나 네 자리를 들고 걸어가라 하시니
그 사람이 곧 나아서 자리를 들고 걸어 가니라
(요한복음 5장 1-9절)

17

어느 날 예수님께서 베데스다 연못으로 찾아 오셨습니다. 연못 주위에는 다리 저는 자, 중풍병자, 맹인 등 수많은 환자들이 즐비하게 누워 있었습니다. 왜냐하면 베데스다 연못에 가끔 천사가 내려와 물을 휘저어 놓는데 그 후에 가장 먼저 들어가는 사람은 무슨 병에 걸렸든지 곧 낫는다는 소문 때문입니다.

예수님께서 많은 환자들 중에서 가장 불쌍한 38년 된 환자에게 다가가셔서 물으십니다.

"네가 낫고자 하느냐?"

그러자 38년 된 환자가 대답합니다.

"물이 움직일 때에 연못에 먼저 들어가도록 저를 도와주는 사람이 아무도 없어서 내가 가는 동안에 다른 사람이 앞질러 들어가 버립니다."

왜 그렇게 말했을까요? 38년 된 환자는 육체적인 질병이 중한 것도 문제이지만 더 큰 문제는 마음의 병이 깊은 것입니다. 사단의 부추김에 원망이 깊이 자리잡고 있어서 그로 인해 불행하고 병이 더 깊어진 것입니다.

예수님께서는 38년 된 병자를 불쌍히 여겨 말씀하십니다.

"일어나 네 자리를 들고 걸어가라."

그랬더니 이 사람이 38년 만에 벌떡 일어나 자기가 누웠던 자리까지 들고서 걸어가게 되었습니다. 질병이 떠나고 깨끗이 낫게 된 것입니다. 건강해졌습니다.

우리 주위에 질병에 시달리는 이들이 많습니다. 사단에게 사로잡혀 불행한 세월을 보내는 이도 많습니다. 연약한 몸과 마음으로 고통스러워하는 이들이 많습니다. 치유를 위해 온갖 방법을 시도해

보나 실패하고 실망하고 있습니다.

어떻게 해야 합니까? 중한 병에 대한 예수님의 처방은 무엇입니까?

원망을 내려놓고 예수님의 말씀에 믿음으로 반응해야 합니다. 38년 된 환자는 물이 움직일 때 나를 못에 넣어줄 사람이 없다고 원망했습니다. 다른 사람들은 보호자가 함께 있어서 안고 물에 들어가는데 자신은 오래 전에 가족에게 버림받아 늘 혼자라는 것입니다. '나의 가족은 나를 보살펴 주지 않고 왜 나를 버렸지? 꼭 필요한 순간에 나를 도와주지 않았어.' 하는 원망입니다.

38년 된 환자는 자신을 버린 가족에 대한 원망이 쓴 뿌리로 마음 깊이 자리 잡았습니다. 38년 된 환자는 가족뿐 아니라 베데스다 연못가의 모든 사람을 원망합니다. 매번 그가 기어가는 동안에 다른 사람이 더 빨리 연못에 들어가 버렸습니다. 누군가는 병이 다 나았다고 좋아서 환호를 하지만 38년 된 병자는 '만약 저 사람만 없었다면 내가 먼저 연못에 들어갈 수 있었을 텐데' 하며 원망했습니다.

모든 사람을 향한 섭섭함과 원망이 가득했습니다.

원망하다 보면 사단이 틈타게 됩니다. 원망하는 마음을 사단이 몹시 기뻐합니다. 원망하는 마음에 사단이 틈을 타서 온갖 불행으로 가득하게 만듭니다.

많은 사람들이 가족에 대한 원망과 이웃에 대한 원망으로 가득 차 있습니다. 자신의 불행의 원인이 다른 사람에게 있다고 생각합니다. 부부간에도 서로 원망합니다. 부모 자식간에도 원망합니다.

원망을 계속 품고 있으면 그것이 발병의 원인이 되고 그 원망하는 마음이 병을 더 깊게 만듭니다. 원망은 점점 더 헤어나오지 못할 불행의 수렁으로 밀어 넣습니다.

예수님은 38년 된 환자를 불쌍히 여기십니다. 그를 치료해 주시려고 "일어나 네 자리를 들고 걸어가라"고 말씀하십니다. 그랬더니 그 사람이 곧 나아서 자리를 들고 걸어갔습니다.

38년 된 환자에게는 일어나는 것도, 누웠던 자리를 드는 것도, 걸어가는 것도 모두 불가능한 일입니다. 중풍병에 걸려 38년 동안 누워서만 지낸 사람에게 어떻게 단번에 일어나 걸어가는 기적이 일어났을까요? 38년 동안 근육 한 번 쓰지 못해 도저히 일어날 수 없는 환자가 어떻게 단번에 건강해졌을까요?

마음에 원망으로 가득 차 미움과 원망에 집중하던 그가 예수님의 말씀을 듣고는 예수님께 집중하기 시작했습니다. 예수님이 하시는 말씀을 듣고 말씀에 집중하자 믿음이 솟아났습니다. 마음에 가득 찬 원망과 미움이 사라졌습니다. 그러자 기적의 주인공이 되었습니다. 예수님을 인격적으로 만나면 병든 몸도 깨끗이 나음을 받고 상처로 찢어진 마음도 깨끗이 치료받아 행복해집니다.

한 아이가 있었는데 서당에서 또 보통학교에서도 공부로는 전혀 안 된다는 평가를 받았습니다. 당시 하급관리 시험을 봤는데 두 번씩이나 떨어졌습니다. 관상쟁이를 찾아갔다가 "흉상이다. 너는 어디에 나설 사람이 못 된다."라는 말을 들었습니다. 그런데 그 사람은 위대한 지도자가 되었습니다. 흉상이라는, 몰골이 사납다는 말을 듣고 실패의 삶을 살던 사람이 우리나라 임시정부의 수반까지 올랐던 한국 근대사의 가장 이름을 빛낸 김구 선생님입니다.

모두 가능성이 없다고 했는데 어떻게 세상을 바꾸는 위대한 인물이 될 수 있었을까요? 김구 선생님의 생애를 바꿔 논 사건은 예수 그리스도를 만나고 은혜를 체험했기 때문입니다. 예수님을 만나고 말씀에 순종하면서 김구 선생님의 인생은 놀랍게 변화되기 시작

했습니다.

38년 된 환자처럼 누군가를 향한 원망에서 눈을 돌려 예수님께 집중하고 예수님의 말씀에 집중하여 믿음을 보이면 불치의 병에서도 치료받게 됩니다.

예수께서 이르시되
일어나 네 자리를 들고 걸어가라 하시니
그 사람이 곧 나아서 자리를 들고 걸어 가니라
···
요한복음 5장 8, 9절

놀라운 그 이름

— 十원이 무엇인지 모르는 이들에게

아들을 낳으리니 이름을 예수라 하라
이는 그가 자기 백성을 그들의 죄에서 구원할 자 이심이라 하니라
(마태복음 1장 18-25절)

보통 '예수 그리스도의 탄생'하면 고요하고 거룩한 밤에 천사들의 찬송 속에서 그리고 동방박사들의 경배를 받으면서 아기 예수가 탄생한 것만 생각하기 쉽습니다. 그러나 예수 그리스도의 탄생은 우리가 생각하는 것처럼 많은 이들의 축복 속에서 태어난 아름다운 탄생만은 아니었습니다.

왜냐하면 그 탄생은 미혼모의 출산이었기 때문입니다. 예수의 어머니 마리아는 남편 요셉과 결혼식을 올리기 전에 이미 임신해 있었습니다. 그렇다고 '속도위반'은 아니었습니다. 남편 될 사람 요셉과는 아무 상관 없는 임신이었기 때문입니다. 그렇다고 다른 남자와 부정을 저지른 것도 아니었습니다.

마리아는 정식 결혼이 이루어지기 전에 남편의 아이가 아닌 아이를 가지게 되었고 결국 그렇게 태어난 것이 예수 그리스도입니다. 사람들은 마리아에게 정혼한 남편이 있었기 때문에 예수가 요셉과 마리아의 사이에서 난 아들이라고 생각할 것입니다. 그러나 실제로는 그런 것이 아니었습니다. 예수는 요셉과는 피가 한 방울도 섞이지 않은 관계였습니다.

유대인들의 결혼 풍습은 좀 특별한 점이 있습니다. 일단 남녀가 성인이 되면 정혼을 합니다. 이들은 법적으로는 부부이지만 실제로는 부부생활을 할 수 없습니다. 실제적인 부부가 되려면 남자가 돈을 벌어와서 잔치를 하고 성대하게 결혼식을 해야 정식 부부가 됩니다. 그런데 마리아의 경우에는 남편 요셉과 정혼만하고 정식 결혼이 되기 전에 이미 임신한 것입니다. 마리아는 그 사실을 정혼자인 요셉에게도 알렸습니다.

요셉에게 얼마나 큰 충격이었겠습니까? 얼마나 많은 고민을 했겠습니까? 요셉은 그 사실을 알고서 파혼을 결심했습니다. 일을 조용히 처리하여 너그러움을 보이려고 하였습니다. 다른 사람 같았으면 자신이 파혼하려는 것의 정당함을 증명하려고 많은 사람들을 불러놓고 마리아를 비난하며 정죄하였을 것입니다. 그러면 마리아는 돌에 맞아 죽습니다. 요셉은 마리아에게 망신을 주지 않고 조용히 파혼하려고 했습니다.

그때 하나님은 천사를 보내어 요셉에게 말씀하십니다.

"다윗의 자손 요셉아, 두려워하지 말고, 마리아를 네 아내로 맞아들여라. 그 몸에 잉태된 아기는 성령으로 말미암은 것이다."

천사가 요셉에게 임신한 마리아를 의심해서는 안 되며 마리아를 데려 와 보호하는 것이 네가 해야 할 일이라고 말씀하셨습니다.

예수님이 꼭 이런 식으로 세상에 오실 수밖에 없는 이유가 무엇입니까?

하나님께서 인간의 몸을 입고 이 땅에 태어나신 사건은 인류의 역사를 BC와 AD로 나눌 만큼 놀라운 사건입니다. 사람들을 구원하시려고 하나님이 하늘 보좌를 포기하고 천한 인간이 되기로 하신 것입니다. 그것은 하나님의 놀라운 사랑을 보여주는 굉장한 사건입니다.

구원이 무엇입니까? 큰 위기에서 건져주는 것이 구원입니다. 예를 들면 어떤 사람이 불타는 건물에 갇혀 있는데 꺼내어 주는 것이 구원입니다. 물에 빠져 죽어가는 사람을 건져주는 것이 구원입니다. 예수라는 이름은 '우리를 죄에서 구원할 자'라는 뜻입니다.

모든 사람은 죄를 범하여 멸망당할 위험에 있기 때문에 구원이 필요합니다. 가만두면 모두가 죄를 범해 영원히 멸망할 수밖에 없습니다. 사람들은 죄를 범하고 죄의 지배를 받으며 살아서 죄의 독소가 온몸에 확산되었습니다. 하나님과의 관계가 깨어졌고 영원한 멸망의 나락으로 떨어지고 있습니다.

하나님의 아들이 우리를 죄에서 구원하시려고 이 세상에 사람들이 쉽게 이해할 수 없는 방법으로 오셨습니다.

하나님의 부르심에 주저 없이 응답하여 고통당하는 영혼들을 빛 가운데로 인도하려고 홀홀 단신 여자의 몸으로 중국 내륙으로 들어간 여인이 있었습니다.

그 여인은 중국에서 폭도들에게 혹독한 고문을 당하며 심지어 머리를 말의 꼬리에 묶인 채 끌려 다니기도 하였습니다. 그러나 그녀는 포기하지 않고 중국인들에게 다가갔습니다. 중국에 기근이 들었을 때 많은 이들이 굶어 죽는 것을 보고 같이 금식했습니다. 그녀는 가난한 사람들과 함께하다가 영양실조로 죽게 되었는데 그때가

1912년 크리스마스 이브였습니다. 그녀의 이름은 로티였습니다. 로티야말로 성탄절의 의미를 가장 정확하게 이해하고 삶을 통해 예수님을 증거한 아름다운 여인입니다.

사람들은 로티를 잃은 슬픔을 기념비나 장식으로 표현하려고 했으나 로티가 진정으로 원하는 것은 그런 것이 아님을 깨닫고 로티를 기념하여 크리스마스에 로티 문 선교헌금을 하기 시작했습니다. 그것이 미국 전체에 확산되었고 미국 남 침례교단은 세계에서 가장 많은 선교사를 파송하는 계기가 되었습니다. 그 결과 전 세계 수많은 사람들이 구원을 받게 되었습니다.

예수의 이름에 담긴 구원은 그분의 희생적인 사랑을 통하여 지금도 흘러가고 있습니다.

아들을 낳으리니 이름을 예수라 하라
이는 그가 자기 백성을
그들의 죄에서 구원할 자 이심이라 하니라
· · ·
마태복음 1장 21절

누가 이웃입니까?

— 사랑 받지 못해 외로운 이들에게

네 생각에는 이 세 사람 중에 누가 강도 만난 자의 이웃이 되겠느냐
(누가복음 10장 30-37절)

한 율법사가 예수님께 찾아와 "무엇을 하여야 영생을 얻습니까?" 하고 묻습니다. 예수께서는 "율법에 무엇이라 기록되었으며 너는 어떻게 해석하느냐?" 되물으십니다. 율법사는 "마음과 목숨과 힘과 뜻을 다하여 하나님을 사랑하고 이웃을 자신같이 사랑하는 것입니다." 하고 대답하였습니다. 예수님은 "옳다. 그대로 행하라."고 말씀하십니다. 그러자 율법사는 다시 묻습니다. "그러면 내 이웃이 누구입니까?" 그러자 예수께서 한 이야기를 들려 주셨습니다.

어떤 사람이 예루살렘에서 여리고로 오다가 강도를 만났습니다. 그는 강도에게 흠씬 두들겨 맞고 옷도 다 발가벗겨진 채 버려졌습니다. 온몸은 만신창이가 되고 자기 힘으로 움직일 수도 없었습니다. 의식이 몽롱한 채 쓰러져 신음소리만 겨우 낼 뿐이었습니다.

때마침 그 길을 지나가던 제사장이 쓰러진 사람을 발견하고 "나는 제사장이야, 시체를 만지면 부정해져서 제사를 집례할 수 없어." 하고는 재빨리 지나쳤습니다. 곧 이어 레위인이 지나갔습니다. "제사장도 돕지 않는데 내가 나선다면 주제 넘는 일이지…" 하고는 그도 지나치고 말았습니다.

사마리아 사람은 강도 만나 죽어가는 이를 발견하고 멈추어 섰습니다. 측은하게 여기며 다가가 상처에 올리브기름과 포도주를 부어 소독을 해주고 피가 더 흐르지 않도록 자기 옷을 찢어 싸매었습니다. 그리고는 나귀에 태워서 여관까지 데려와 치료해 주었습니다. 다음날 여관 주인에게 자기의 돈을 다 주며 말했습니다.

"이 사람을 잘 돌보아 주시오. 비용이 더 들면 돌아오는 길에 갚겠습니다."

예수님은 이 이야기를 통해 무엇을 말씀하시려고 한 것일까요?
우리 주위에는 강도를 만난 이웃이 있습니다. 인생길에서 강도 같은 사람을 만나 소유를 모두 빼앗기는 일이 있습니다. 심지어 폭행을 당하기도 합니다. 억울한 누명을 쓰기도 합니다. 예수님의 이야기에 등장하는 사람처럼 다 잃고 거의 죽음에 이르는 경우도 있습니다.

그런데 재물을 빼앗고 몸을 상하게 하는 강도보다 더 무서운 강도가 있습니다. 마음에 큰 상처를 입히는 강도입니다. 웃음을 빼앗아가고 마음을 병들게 하는 강도입니다. 한 마디의 말이 한 순간에 행복한 사람을 불행의 나락으로 떨어뜨릴 수 있습니다. 비난과 따돌림 등 별 생각 없이 한 행동이 당한 사람에게는 삶의 모든 열정을 잃고 죽어가게 만드는 무서운 결과에 이를 수 있습니다.

우리 주위에는 악한 사단의 공격으로 길을 잃은 채 어둠 속에서 방황하는 사람들도 있습니다. 마음의 큰 상처를 입고 살 의욕을 잃어버린 채 죽음을 생각하는 사람도 있습니다. 누군가가 다가가 도와주지 않으면 언제 죽을지 모릅니다. 비참하게 죽어가는 불행한 운명에 놓여있는 사람들이 많습니다.

그런데 사람들은 자기의 일이 아니라고 무관심하게 외면하고 있습니다.

제사장도 그를 보고 피하여 지나갔고 레위인도 그곳에 이르러 그를 보고 피하여 지나갔습니다. 그처럼 많은 사람들이 이웃의 위험과 위기를 보며 그냥 무관심하게 지나치고 있습니다.

무관심하게 지나치는 동안 수많은 이웃들이 죽어갑니다. 무관심은 이웃을 죽음으로 내모는 무책임한 태도입니다.

그런데 사마리아 사람은 거기 이르러 그를 보고 외면하지 않고 불쌍히 여기며 멈추어 섰습니다. 강도 만난 사람을 보고 불쌍히 여겼습니다. 그냥 지나치지 않고 힘을 다해 도와주었습니다. 사마리아 사람은 죽어가는 사람의 치료와 회복을 위해서 자신의 모든 것을 내어 주었습니다. 자신을 위해 준비한 기름과 포도주를 강도 만난 자의 상처에 붓고, 자기 옷을 찢어 상처를 싸매어 주었습니다. 자기 나귀에 태워 주었습니다. 자기 돈을 내어주면서 치료를 부탁합니다. 사랑은 대가를 지불할 때 빛이 납니다.

선한 사마리아 사람은 예수님 자신을 암시합니다. 예수님은 강도 같은 사단을 만나 다 빼앗기고 큰 상처를 입고 신음하는 우리를 외면하지 않고 불쌍히 여기시어 영원한 죽음에서 구원하려고 천국에서 이 땅에 오셨습니다. 강도를 만나 위험에 처한 이들을 구하기 위해 자신을 십자가에 내어주심으로 비싼 대가를 지불했습니다.

　예수님의 그런 희생적인 사랑이 우리에게 부어져서 우리가 구원 받습니다. 강도를 만나 죽어가는 중에 다시 살아나게 되었습니다. 천국을 선물로 받아 누리며 살게 되었습니다.

네 생각에는 이 세 사람 중에
누가 강도 만난 자의 이웃이 되겠느냐
· · ·

누가복음 10장 36절

19. 누가 이웃입니까?

아버지의 마음

— 교회를 다니다가 낙심한 이들에게

이 내 아들은 죽었다가 다시 살아났으며 내가 잃었다가 다시 얻었노라 하니
그들이 즐거워하더라(누가복음 15장 20-24절)

한 아버지가 두 아들과 함께 행복한 나날을 보내며 살고 있었습니다. 어느 날 둘째 아들이 아버지에게 자기 몫으로 돌아 올 유산을 미리 달라고 떼를 쓰기 시작했습니다. 아버지는 결국 둘째 아들의 요구대로 재산을 나누어 주었습니다. 둘째 아들은 재산을 정리하여 머나먼 나라로 가서 허랑방탕한 생활을 하면서 모두 탕진하였습니다.

반면 큰 아들은 동생과는 달리 아버지 곁을 떠나지 않고 항상 순종하며 주어진 일을 열심히 했습니다. 아버지에게 재산을 떼어 달라는 요구도 없었습니다. 아버지가 시키는 일에 거부하지 않고 묵묵히 순종했습니다.

어느 날 둘째 아들은 알거지가 되어 집에 돌아왔습니다. 그럼에도 아버지는 둘째 아들에게 "재산은 어떻게 되었느냐? 그 꼴이 뭐냐?" 하며 비난하거나 책망하지 않고 반갑게 맞이합니다. 아버지는 종들에게 "제일 좋은 옷을 내어다가 입히라. 손에 가락지를 끼워 주어라. 발에 새 신을 신겨 주어라. 살진 송아지를 잡아 큰 잔치를 벌이자. 우리 모두 함께 즐거워하자." 하며 기뻐했습니다.

그런 아버지에게 큰 아들은 몹시 화가 났습니다. 불만이 가득 찼습니다. 못마땅하여 집에 들어가려고 하지 않습니다. 아버지가 나와 소매를 잡아 끌며 들어가자고 권해도 요지부동입니다. 볼 맨 소리로 "내가 여러 해 동안 아버지를 온 맘을 다해 섬겼어도 내게는 염소 새끼라도 주며 친구들을 불러 잔치하라고 하신 적이 없지 않습니까? 그런데 창녀들과 어울리며 재산을 다 탕진한 둘째를 위해서는 살진 송아지를 잡다니 너무하십니다." 하고 원망합니다.

무엇이 문제입니까? 누가 문제입니까? 아버지의 마음을 이해하지 못하는 것이 문제입니다. 아버지의 사랑하는 마음을 모르고 아버지의 품을 떠나 세상으로 나가 방탕한 둘째 아들이 문제입니다. 아버지의 사랑하는 마음을 모르고 자기의 입장에서 상황을 바라보고 돌아온 동생을 못 마땅해 하는 형도 문제입니다.

아버지는 둘째 아들이 집을 나간 후 아들 생각에 하루도 마음이 편치 않았습니다. 집안에서 기다릴 수 없어 날마다 마을 어귀에 나가 기다렸습니다. 아들이 돌아오기만을 간절히 기다렸습니다.

큰 아들은 아버지가 동생 때문에 아파하는 것을 보면서도 무관심했습니다. 아버지가 동생을 날마다 간절히 기다리는 것을 보면서도 전혀 가슴이 아프지 않았습니다. 아버지는 둘째 아들이 살았는지 죽었는지, 밥을 먹는지 굶는지 걱정이 되어 고통스러운데 큰 아들은 조금도 고통스럽지 않았습니다. 아버지의 관심이 온통 동생에게 집중되어 있는 것을 못마땅해 했습니다.

이야기 속의 아버지는 하나님을 가리킵니다. 아들은 하나님과 관계가 단절된 사람들을 보여줍니다. 하나님의 마음은 잃어버린 영혼을 간절히 찾고 기다리는 마음입니다.

하나님은 세리와 죄인들, 창녀들 그리고 이방인들이 하나님을 멀리한 채 불행하고 비참한 인생을 살다가 멸망당할 것이 안타까우십니다. 그런데 유대인들은 그들이 당연히 멸망하고 지옥 가야 한다고 생각하고 무관심했습니다.

하나님 아버지의 마음은 집 밖에서 방황하는 잃어버린 영혼들에게 집중되어 있습니다. 아버지 집을 떠나 방황하며 고생하는 이들을 하나님처럼 관심을 갖고 안타까운 마음으로 바라보는 이가 또 있을까요?

하나님은 아버지의 마음으로 사람들을 기다리십니다. 세상에서 방황을 끝내고 하나님의 품으로 돌아 오기만을 간절히 기다리십니다. 그러다가 한 사람이 회개하고 돌아오면 하나님은 하늘에서 얼마나 기뻐하시는지 풍악을 울리며 천국잔치를 벌이십니다. 하나님은 너무 기쁘고 즐거워서 천사들과 함께 노랫소리, 웃음소리가 가득 울려 퍼지는 잔치를 벌이십니다.

자신에게 속아 헛된 꿈을 꾸며 세상에서 방황하는 사람은 애타게 기다리는 아버지의 마음을 품은 하나님께로 속히 돌아가야 합니다. 아버지가 기다리고 있는 진정한 집으로 돌아가 영원한 아버지와의 사랑을 회복하고 천국을 맛보며 즐겁게 살아가야 합니다.

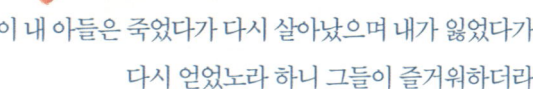

> 이 내 아들은 죽었다가 다시 살아났으며 내가 잃었다가
> 다시 얻었노라 하니 그들이 즐거워하더라
>
> 누가복음 15장 24절

하나님이 찾는 사람

― 종교는 다 같다고 생각하는 이들에게

아버지께 참되게 예배하는 자들은 영과 진리로 예배할 때가 오나니
곧 이 때라 아버지께서는 자기에게 이렇게 예배하는 자들을 찾으시느니라
(요한복음 4장 23-24절)

하나님은 온 땅을 내려다보며 사람을 찾습니다. 어떤 사람을 찾을까요? 마음을 다해 하나님을 찾는 사람을 찾으십니다. 왜 찾을까요? 그를 위해 능력을 베풀어 주려고 찾습니다. 예수님도 하나님께서 자기에게 예배하는 자들을 찾으신다고 했습니다. 참되게 예배를 드리는 자를 찾아 그에게 사랑을 부어 주려고 찾으십니다.

사마리아 여인이 예수님께 질문했습니다. "선생님, 내가 보니 선생님은 예언자이십니다. 우리 조상들은 이 산에서 예배하였는데 왜 당신네 유대인들은 반드시 예루살렘에서 예배를 드려야 한다고 합니까?"

본래 유대인들은 솔로몬 왕이 지은 예루살렘 성전에서 예배를 드렸습니다. 솔로몬 왕이 죽고 나라가 남쪽은 유대, 북쪽은 이스라엘로 나뉘었습니다. 여로보암이 이스라엘 왕이 되고서 '백성들이 하나님께 예배한다고 예루살렘에 올라갔다가 맘이 변하여 유대와 통합하자면 어쩌지?' 불안해졌습니다. 백성들이 예루살렘에 올라가지 못하도록 그리심 산에 신전을 짓고는 명령하였습니다.

"우리를 이집트에서 인도한 신이 여기 있다. 이제 이 산에서 예배를 드려라."

사마리아인과 유대인들은 만날 때마다 서로 자기들이 예배 드리는 곳에 하나님이 계시다고 다투었습니다. 자신들의 신앙이 옳다고 다투었습니다. 사마리아 여인은 예수님께 "어느 성전이 진짜이며 어떤 예배가 옳으냐?"고 물은 것입니다. 예수님의 대답은 뜻밖이었습니다.

"이 산도 아니고 예루살렘도 아니다. 영과 진리로 참된 예배를 드리는 자를 하나님이 찾는다."

예수님은 장소가 중요하지 않고 예배의 대상이 중요하다고 하십니다. 잘 알지도 못하면서 막연히 '이 신이 우리에게 복을 주겠지.'

하면서 우상을 숭배하지 말고 하나님을 인격적으로 깊이 알고 진심으로 예배 드려야 함을 강조하신 것입니다.

우리의 예배의 대상은 천지만물을 창조하신 하나님이어야 합니다. 외 아들 예수 그리스도를 세상에 보내어 구원해주신 하나님께 예배해야 합니다.

사람들은 저마다 신을 숭배해오고 있습니다. 세상에 많은 신이 있지만 우주 만물을 지으신 하나님만이 온 세계를 다스리십니다.

우리는 창조주 하나님께 예배를 드려야 합니다. 창조주 하나님께 참 예배를 드려야 하나님이 받으시고 가정과 기업과 나라를 지켜 주십니다. 온갖 은혜를 주시고 복을 주십니다.

소련의 유명한 작가 솔제니친이 스탈린으로부터 미움을 받고 강제 수용소에 갇혀서 매일 열두 시간 이상 중노동에 시달리면서 많은 고문을 받고 탄압을 받았습니다. 수용소에서 암에 걸렸는데 치료받을 길도 없어 낙심하고 포기하여 주저앉아 있었습니다.

그런데 흰 옷 입은 어떤 노인이 솔제니친에게 다가와 십자가를 그어주었습니다. 그 십자가를 보는 순간 신비하게도 밝은 빛이 솔제니친에게 들어왔습니다. 자신을 짓누르고 있던 고통과 절망이 다 사라짐을 경험했습니다. 새 힘이 솟아나고 기쁨이 밀려왔습니다.

십자가의 예수 그리스도를 믿으면서 암이 깨끗이 나았고 소망으로 충만해졌습니다. 일 년 만에 자유세계로 추방되어 미국으로 건너가서 작품활동을 통해 예수님을 나타내고 노벨 문학상을 받게 되었습니다.

하나님은 오늘도 사람을 찾으십니다. 능력을 베푸시려고 사람을 찾습니다. 하늘 복을 부어 주시려고 사람을 찾습니다. 우상에게 경배하지 않고 영과 진리로 창조주 하나님께 참되게 예배 드리는 사람을 찾습니다. 창조주 하나님만 섬기며 하나님께 진실된 예배를 드리는 사람을 찾습니다.

하나님을 바르게 알고 참 하나님께 참 된 예배를 드리는 삶을 시작하여 하나님의 눈에 발견되고 하나님께 사랑을 받으며 하늘 복을 많이 받으십시오.

아버지께 참되게 예배하는 자들은 영과 진리로 예배할 때가 오나니
곧 이 때라 아버지께서는 자기에게
이렇게 예배하는 자들을 찾으시느니라
・・・
요한복음 4장 23절

예수의 이름으로

22

— 모든 종교가 같다고 하는 이들에게

다른 이로써는 구원을 받을 수 없나니 천하 사람 중에 구원을 받을 만한 다른 이름을 우리에게 주신 일이 없음이라 하였더라
(사도행전 4장 10-19절)

베드로가 성전 미문에 앉아 구걸하던 앉은뱅이를 고치고 유명해졌습니다. 사람들의 주목을 받게 되고 수많은 사람들이 베드로를 보려고 몰려 들었습니다. 그때 베드로는 "여러분, 우리가 우리의 능력이나 경건으로 이 사람을 걷게 한 것처럼 우리를 바라봅니까? 예수의 이름이 이 사람을 낫게 했습니다. 예수의 이름을 믿는 믿음이 이 사람을 완전히 성한 몸이 되게 했습니다. 여러분도 예수를 믿으십시오."라고 말했습니다.

그리고 덧붙였습니다. "예수의 이름이 아니고서는 구원을 받을 수 없습니다. 하늘 아래에 구원을 얻을 만한 다른 이름은 없습니다."

그래서 예루살렘에 수많은 사람들이 예수의 이름을 믿기 시작했습니다. 그러자 위기를 느낀 관원들, 장로들, 서기관과 대제사장의 문중이 당황했습니다. 사도들을 잡아다가 심문을 하면서 위협을 합니다.

"앞으로는 절대 예수의 이름으로 말하지도 말고 가르치지도 말라."

오직 한 가지, '예수의 이름으로만 하지 말라. 그러면 상관 않겠다.'는 것입니다. 사단이 가장 무서워하는 것은 예수의 이름입니다. 사단은 예수의 이름으로 기도하고, 예수의 이름으로 명령하고, 예수의 이름이 전파되는 것을 제일 싫어합니다. 사단은 예수의 이름이 사람들에게 확산되는 것을 가장 싫어합니다.

예수의 이름에는 마귀를 꼼짝 못하게 하는 능력이 있기 때문입니다. 예수의 이름에는 생명이 있기 때문입니다.

예수의 이름에 담긴 신비를 잘 아는 사단은 예수의 이름이 알려지지 못하게 하려고 지금도 안간힘을 쓰고 있습니다. 사단은 예수의 이름을 감추고, 예수의 이름을 말하지 못하게 하며 예수의 이름을 힘 입지 못하게 하고 있습니다.

소련은 70년 동안 총칼로 예수의 이름을 막았습니다. 그러나 총과 칼은 무너졌고, 예수의 이름은 러시아에서 증거되고 있습니다. 사단은 모든 나라에서 예수의 이름을 막기 위해 온갖 방법을 다 사용하지만 예수의 이름은 더 널리 전해지고 있습니다. 우리는 예수의 이름을 시인해야 합니다. 그리고 예수의 이름을 자랑해야 합니다.

예수님은 말씀하셨습니다.

"누구든지 세상 사람들 앞에서 나를 모른다고 부인하면 나도 하늘에 계신 아버지 앞에서 그를 모른다고 부인할 것이요, 누구든지 세상 사람들 앞에서 나를 안다고 시인하면 나도 하늘에 계신 내 아버지 앞에서 그를 안다고 시인하겠다."

하나님이 우리에게 주신 최고의 선물은 예수 그리스도의 이름입니다. 하나님은 왜 예수의 이름에 관심이 많으실까요? 예수의 이름에는 하나님의 인격, 하나님의 능력, 하나님의 사랑과 영원한 생명이 담겨 있습니다.

이렇게 말하는 사람들이 있습니다. "교회 밖의 사람들도 대부분 하늘을 두려워하며 살아요. 그들도 하나님이 있는 것을 인정해요. 그렇다면 우리와 다를 바가 없지 않나요? 하나님은 그들도 구원하시지 않을까요?"

예수님은 "나는 길이요, 진리요, 생명이다. 나를 거치지 않고서는 아무도 아버지께로 갈 사람이 없다."고 하셨습니다.

그 누구도 자신의 지혜로 하나님을 알 수 없고, 하나님께 이르는 길도 알 수 없습니다. 그런데 하나님께서 길을 열어 주셨습니다. 그 유일한 길은 예수 그리스도입니다. 예수를 통해서만 하나님께 이를 수 있습니다. 예수의 이름을 믿음으로 부를 때, 하나님의 자녀가 되고 영원한 생명을 선물로 받습니다.

신대륙을 발견한 크리스토퍼 콜럼버스는 황금에 눈이 멀어 있었습니다. 그가 신대륙을 찾아나선 것도 황금 때문이었습니다. 그러나 그의 이름은 황금과는 전혀 다른 의미를 담고 있었습니다. '크리스토퍼'란 '그리스도를 마음속에 간직하고 사는 사람'이란 뜻입니다. 그러나 그의 마음속은 온통 '황금'으로 가득 차 있었습니다.

어느 날 콜럼버스는 자신이 이름처럼 살지 못함을 깨닫고 갈등하기 시작했습니다. '진정한 기독교인이 될 것인가? 아니면 황금을 쫓는 인생을 살 것인가?'하는 질문에 해답을 얻기 위해 콜럼버스는 눈물의 기도를 드렸습니다.

그리고 결론을 내렸습니다. '이제부터 부모가 지어준 이름에 걸맞는 삶을 살자.' 그때부터 콜럼버스는 전혀 새로운 삶을 살았습니다. 그는 세상을 떠나기 전 다음과 같은 말을 남겼습니다.

"나는 14년 동안만 크리스토퍼 콜럼버스였다. 그 기간이 내 일생 중 가장 행복하고 보람 있는 세월이었다."

예수의 이름을 불러 보셨습니까? 예수의 이름을 믿고 있습니까? 예수의 이름을 의지하며 힘입어 살고 있습니까?

다른 이로써는 구원을 받을 수 없나니
천하 사람 중에 구원을 받을 만한 다른 이름을
우리에게 주신 일이 없음이라 하였더라
· · ·

사도행전 4장 12절

어리석은 사람아!

— 세상의 재물에 집착하는 이들에게

하나님은 이르시되 어리석은 자여 오늘 밤에 네 영혼을 도로 찾으리니
그러면 네 준비한 것이 누구의 것이 되겠느냐 하셨으니
(누가복음 12장 13-21절)

어떤 부잣집에 종이 한 명 있었는데 그 종은 너무 어리석어서 주인이 항상 바보라고 놀렸습니다. 하루는 바보짓을 하는 종에게 지팡이를 주면서 말했습니다.

"너보다 더 어리석은 사람을 만나면 이 지팡이를 그에게 주어라."

그 종은 자기보다 어리석은 사람을 찾았으나 어디에서도 찾을 수가 없었습니다.

얼마 후, 주인이 갑자기 중병에 걸려 죽음이 임박하게 되었습니다. 종이 주인에게 병문안을 갔습니다. 주인은 힘없이 그를 맞았습니다.

"나는 이제 병으로 먼 길을 떠난다."

"주인님! 언제 돌아오십니까?"

"내가 가는 길은 아주 먼 길이라 다시는 돌아오지 못한단다."

"주인님! 며칠 여행을 떠나도 준비를 한다고 온 집이 부산했는데, 왜 이번에는 조용하지요? 이번 여행을 위해서 무엇을 준비하셨나요?"

주인은 아무 말도 하지 못했습니다.

그러자 그 종은 주인에게 받았던 지팡이를 내놓으며 말했습니다.

"주인님은 진짜 바보로군요. 단 며칠 여행을 위해서도 여러 가지를 준비하면서 영원히 돌아오지 못하는 긴 여행을 떠나면서 아무 준비도 않다니 이 지팡이 도로 받으세요."

성경에도 어리석은 사람의 이야기가 나옵니다.

한 부자가 있었는데 그는 논밭이 수 만평에 이르는 만석지기였습니다. 어느 해에 농사를 지었는데 풍년이 들어 소출이 엄청났습니다. 부자가 가지고 있는 창고가 패나 커서 많은 곡식을 쌓을 수 있지만, 예년보다 소출이 훨씬 많아지자 부자는 부랴부랴 곳간을 헐고

창고를 훨씬 더 크게 다시 지었습니다.

  부자는 추수한 곡식을 산더미처럼 쌓아놓고는 흡족해서 혼잣말을 합니다. '평생 동안 쓰고도 남을 만큼 쌓아 두었으니, 이제 마음껏 놀면서 먹고 마시고 즐겨보자.'

  하나님께서 그 말을 들으셨습니다. "어리석은 사람아, 오늘 밤에 네 영혼을 도로 거두어 가겠다. 그러면 이것이 모두 누구의 것이 되겠느냐?"

  하나님께서 왜 이 부자를 '어리석은 사람아!' 하고 부르실까요? 이 부자가 왜 어리석은 사람일까요?

  이 부자는 자신만을 생각하는 사람입니다. 그를 위해 수고한 일군들이 많지만 단 한번도 그들을 배려하지 않습니다. 그의 주변에 어려운 이웃들이 많지만 그들과 기쁨을 나눌 생각을 전혀 하지 않습니다. 소출의 풍성함은 하나님이 자신에게 맡겨주신 복이므로 이웃과 나누어야 한다는 생각

이야기로 전하는 복음

을 전혀 하지 않습니다.

　오직 자신만을 위하여 창고를 크게 짓고, 자신만을 위하여 가득 쌓아 둡니다. 여러 해 동안 자신만을 위해 쓰려고 하고, 혼자만 즐길 생각만 가득 차 있습니다.

　부자는 하나님이 그의 영혼을 반드시 도로 찾아가실 날이 있음을 잊고 있습니다. 하나님 앞에 설 때 자신이 어떤 모습이 될 것인가는 전혀 생각하지 않고, 아무 준비도 없이 살았습니다.

　자기를 위해 이 땅에 쌓아 둘 생각만 했지, 하늘에 쌓아둘 줄은 모르고 살았습니다. 자기를 위하여는 재물을 쌓아두면서도, 하나님과 이웃에게는 인색하였습니다. 인생의 계획은 철저하게 세웠지만, 그 계획을 하나님과 상의할 줄 몰랐습니다. 이 땅의 계획은 세우면서도 영원한 세계를 위한 계획은 전혀 세우지 않았습니다. 이 부자는 하나님을 믿지 않았습니다. 오직 자기가 하나님이었습니다.

　부자는 '무엇이든 내 맘대로 다 할 수 있다.'라고 생각하였으나 그의 영혼을 하나님이 거두어가니까 그에게 아무것도 남지 않았습니다. 애써 쌓아 놓으면 언제까지나 자기의 소유로 남을 줄 알았는데 그의 계산은 다 틀렸습니다.

그의 주인은 하나님입니다. 그에게 재물을 맡겨 주신 이도 하나님이고 그에게 시간과 기회를 주신 분도 하나님입니다. 그에게 영혼을 주신 이도 하나님입니다. 그러나 그는 하나님을 잊고 살았습니다.

자신이 자기 인생의 주인인 줄로 착각했습니다. 따라서 자기 재물과 자기 인생과 자기 영혼을 자기 마음대로 할 수 있다고 생각했습니다. 하나님은 부자를 '이 어리석은 사람아!' 하시며 그날 밤에 데려가셨습니다.

'내 인생은 나의 것'이라는 생각은 아주 위험합니다. 내 맘대로 혼자 계획을 세우고 내 맘대로 살지 말고, 계획의 중심에 하나님을 모시면 하나님이 생명을 주십니다. 인생의 중심에 하나님을 모시면 하나님이 지혜를 주십니다.

하나님은 이르시되 어리석은 자여
오늘 밤에 네 영혼을 도로 찾으리니
그러면 네 준비한 것이
누구의 것이 되겠느냐 하셨으니
. . .

누가복음 12장 20절

의심을 극복한 제자

— 의심이 많은 사람에게

도마에게 이르시되 네 손가락을 이리 내밀어 내 손을 보고 네 손을 내밀어
내 옆구리에 넣어 보라 그리하여 믿음 없는 자가 되지 말고 믿는 자가 되라
(요한복음 20장 24-29절)

많은 사람이 하나님을 의심합니다. 하나님의 말씀인 성경을 믿지 못하겠다고 합니다. 하나님의 존재도 의심스럽고, 하나님의 말씀도 의심스럽고, 예수님이 그리스도라는 것도 믿지 못하겠다고 합니다. 의심하는 사람의 의심을 벗겨 주는 것은 쉽지 않습니다. 분명한 것은 의심이 하나님의 은혜와 축복을 가로 막습니다.

누구나 의심에 사로 잡힐 때가 있습니다. 처음 믿으려고 하는 사람들은 물론이고 신자들도 위기를 만나면 의심합니다. 잘 믿던 사람도 갑자기 질병을 만나거나 환경이 어려워지면 '하나님이 살아계시면 왜 내게 이런 일이 일어날까?' 하고 의심합니다. 기도해도 곧 이루어지지 않으면 '하나님이 정말 나를 사랑하실까?'하고 의심합니다. 이렇게 의심이 밀려오는데 어떻게 의심을 극복하고 믿음이 충만해 질 수 있을까요?

저도 스무 살 청년의 시기에 하나님에 관한 의심이 가득했습니다. 의문이 풀리지 않아 믿음이 좋은 사람을 만나면 많은 질문을 했습니다. 의심에 가득 찬 마음에는 어떤 답변도 의심의 구름을 사라지게 할 수 없습니다. 불신으로 가득 찬 눈에는 믿음 좋은 사람들이 모두 위선자처럼 보였습니다.

교만했던 저를 하나님께서 만지셨습니다. 복음을 듣고 하나님을 만난 순간 눈이 활짝 열리는 것 같았습니다. 모든 의심이 사라지고 성경이 믿어졌습니다.

예수님의 제자 중에 의심이 아주 많았던 도마라는 제자가 있습니다. 도마는 3년이나 예수님을 따라다니면서 말씀을 직접 듣고 수많은 기적의 현장을 목격했지만 중요한 순간에 의심의 말을 쏟아 내었습니다.

다른 제자들이 부활하신 예수님을 만나고서 도마에게 말했습니다. "우리가 주님을 뵈었다." 도마는 그 말을 믿지 못 했습니다. "내 눈으로 그 손에 있는 못 자국을 보며, 내 손가락을 그 못 자국과 옆구리에 넣어보지 않고서는 믿지 못하겠소."

십자가에 달려 죽었고 장례까지 치른 예수님이 어떻게 다시 살아날 수 있느냐는 것입니다. 그것은 경험적으로나 과학적으로나 이치적으로 불가능한 것입니다. '그런 말도 안 되는 것을 나보고 믿으라고? 어림도 없지?' 하며 도마는 철저히 의심했습니다.

이처럼 의심으로 가득 찬 도마에게 부활하신 예수님이 찾아 오셨습니다. "자 이리 와서 네 손가락을 내밀어 내 손을 만져보고 네 손을 내 옆구리에 넣어 보아라. 그래서 의심을 떨치고 믿음을 가져라."
부활하신 예수님을 만난 도마는 예수님을 향해 "오! 나의 주님이시오, 나의 하나님이십니다." 하고 신앙을 고백하며 엎드립니다.
예수님을 만나니까 손가락을 넣어보지 않고도 믿어졌습니다. 과학적인 증거를 찾지 않아도 믿어졌습니다. 도마가 의심꾸러기가 아니라 다른 제자들보다 부활의 예수님을 만난 시간이 늦었을 뿐입니다.

도마는 이제 예수님의 부활을 확신하게 되었습니다. 더 나아가 영적인 거장이 되어 인도까지 가서 복음을 전하여 인도 선교의 문을 열게 됩니다. 확신에 차서 사역하다가 영광스럽게 순교하게 됩니다.

의심을 극복하고 믿음에 이르는 사람들을 보면 어떤 구체적인 신앙체험이 있습니다. 누구든지 살아계신 예수님과의 직접 만남의 사건이 없으면 의심하게 됩니다.

예배를 통해 예수님을 만나는 경험을 하는 사람도 있습니다. 기도를 통해 예수님을 만나는 사람도 있습니다. 찬송 중에 상한 마음을 만지시고, 위로하시는 예수님을 만나기도 합니다. 성경을 읽다가 예수님의 음성을 듣는 이도 있습니다.

어떤 방식으로든 예수님을 만나고 의심의 구름이 벗겨지고 확신을 갖게 되어야 합니다.

도마에게 이르시되 네 손가락을 이리 내밀어
내 손을 보고 네 손을 내밀어 내 옆구리에 넣어 보라
그리하여 믿음 없는 자가 되지 말고 믿는 자가 되라

요한복음 20장 27절

땅에서 캐낸 보물

― 세상의 부귀영화만 쫓는 사람에게

천국은 마치 밭에 감추인 보화와 같으니 사람이 이를 발견한 후 숨겨 두고 기뻐하며
돌아가서 자기의 소유를 다 팔아 그 밭을 사느니라
(마태복음 13장 44절)

옛날에는 약탈이 빈번하고 오늘 날 처럼 재물을 맡길만한 은행이 없었기 때문에 사람들은 돈이나 보물을 땅에 감춰 두는 경우가 종종 있었습니다. 또한 다른 나라 군대가 침략하여 약탈해서는 자기 나라까지 너무 멀기 때문에 임시로 몰래 밭에 묻고 가기도 하였습니다.

어떤 사람이 우연히 밭을 갈다가 이상한 느낌이 들어 땅을 파 보았더니 아주 값 비싼 보물이 가득 들어 있는 보물상자가 나왔습니다. 보물을 발견한 사람은 자칫 그 밭의 주인과 보물의 소유권에 관한 분쟁이라도 일어날 수 있겠다는 생각에 보물을 다시 땅 속에 묻어두고 집으로 돌아갔습니다.

집에 있는 값이 나갈 만한 것을 모두 팔았습니다. 정든 소도 팔고

알을 잘 낳는 닭도 팔고 돈이 될 만한 가재도구들도 모두 내다 팔아 돈을 만들어 밭 주인을 찾아갔습니다.

"어르신! 마을 뒷동산에 있는 제가 소작을 붙이는 자갈밭을 제게 파시지요? 얼마면 되겠습니까?"

그렇게 자기의 모든 소유를 팔아서 그 밭을 사고는 집에 돌아와 덩실덩실 춤을 춥니다.

"이제 나는 부자가 되었다. 이 마을에서 최고로 부자다. 누구도 부럽지 않다."

다른 사람들은 아무도 그 이유를 모릅니다. 어쩌면 '그 쓸모 없는 밭을 사기 위해서 큰 손해를 보았다.'하며 비웃을 것입니다. 그래도 후회하기는커녕 너무 기쁩니다. 만족합니다. 왜냐하면 어마어마한 보물이 모두 자기의 것이 되었기 때문입니다. 보물이 밭에 묻혀 있는 것을 알기에 시세보다 조금 비싼 값을 지불하고서라도 반드시 그 땅을 얻고자 했습니다. 이 농부는 그 밭을 사들임으로 결국 자신이 치른 대가보다 훨씬 더 많은 이익을 얻게 되었습니다.

절대적 가치를 발견한 사람은 상대적으로 가치가 적은 것을 단호히 포기하게 됩니다.

예수님은 천국은 밭에 묻혀 있는 보물과 같다고 말씀하셨습니다. 예수님을 만나면 지금까지 맛 보지 못한 하늘의 기쁨과 하늘의 평안, 그리고 하늘의 안식을 누리게 되기 때문입니다.

예수님을 만나면 이전에 좋았던 것들이 무가치하게 여겨집니다. 과거에 즐기던 것이 아무것도 아닌 것을 깨닫게 됩니다. 예수님을 만난 것이 최고의 복이며 천국이 그때부터 시작되는 것을 경험하게 되기 때문에 다시는 천국을 잃어버리고 싶지 않습니다.

예수님을 만난 사람은 어떤 대가를 치르고라도 기꺼이 예수님을 얻고 싶어합니다

아브라함은 고향과 친척과 아버지의 집을 버리므로 믿음의 조상이 되었습니다. 모세는 바로의 궁궐에서 왕자의 안락함을 버리므로 이스라엘 민족의 지도자가 되어 이스라엘 민족을 이집트의 노예에서 해방시켰습니다. 베드로와 안드레, 요한과 야고보는 배와 그물을 버리고 예수님의 제자가 되었습니다. 마리아는 자신의 결혼을 위해 준비한 옥합을 깨트려 향유를 예수님께 부어 드리므로 복음이 전파되는 곳마다 그 이름과 헌신이 많은 이들에게 기념되고 있습니다.

하늘의 보화는 자기자신을 포기하고 헌신하는 만큼 얻는 것입니다.

예수님을 삶 속에 모시는 것은 가장 고귀한 보물을 얻는 것입니다. 작은 손해를 기꺼이 감수하고라도 예수님을 꼭 얻어야 합니다. 어떤 어려움이 있더라도 절대 예수님을 포기해서는 안됩니다. 예수님 안에 하늘의 보물이 감추어져 있기 때문입니다.

예수님 안에 있는 영원한 보물을 발견하고 내 것으로 삼기 위해서 잠시 있다가 사라지고 말 것을 기꺼이 포기하는 용기를 보여야 합니다.

천국은 마치 밭에 감추인 보화와 같으니
사람이 이를 발견한 후 숨겨 두고 기뻐하며 돌아가서
자기의 소유를 다 팔아 그 밭을 사느니라
. . .
마태복음 13장 44절

:: 에필로그

이 책을 읽고 '나도 예수님을 진심으로 믿어야겠다. 이제 나도 죄 사함 받고 하나님의 자녀가 되고 싶다.'하는 마음이 드는 분은 곧바로 다음의 기도문을 기도하듯이 소리 내어 읽으며 진심으로 예수님을 영접하시기 바랍니다.

하나님! 구원의 진리를 깨닫게 해 주셔서 감사합니다.
저는 이제껏 불신의 죄 가운데 살았던 죄인입니다. 죄를 깨닫고 회개하며 이제 믿음의 생활을 시작하려고 합니다. 연약한 저를 도와 주십시오.
예수님! 예수님께서 나의 모든 죄값을 대신 지불하려고 십자가에서 죽으시고 부활하심을 믿습니다.
마음 문을 두드리시는 예수님! 지금 제 마음을 활짝 엽니다. 제 안에 들어오세요. 저의 구세주와 주인이 되어 주세요. 예수님을 진심으로 영접합니다.

저를 하나님의 자녀로 삼아주셔서 감사합니다. 천국이 오늘부터 제 안에 이루어질 것을 믿습니다.

구원을 선물로 주시는 예수님의 이름으로 기도합니다.

– 아멘 –

이야기로 전하는 복음